셰틀랜드제도
오크니제도
대서양
북해
그램피언산맥
스코틀랜드
북아일랜드
아일랜드섬
페나인산맥
요크셔
브리튼섬
아이리시해
영국
더블린
웨일스
아일랜드
노팅엄
노퍽
잉글랜드
캄브리아산맥
케임브리지
옥스퍼드
브리스틀
런던
스톤헨지
솔즈베리
글래스턴베리
데번셔
서머싯
콘월
영국해협

고대 브리튼,
그들은 어떻게 살았을까

Ancient Britons

How They Lived

pictures by
Marjorie Maitland Howard
text by
Edward Pyddoke and Henry Hodges

Praeger Publishers, New York, 1970

고대 브리튼,
그들은 어떻게 살았을까

에드워드 파이도크 · 헨리 호지스 지음
노용필 옮김

일조각

차례

고대 브리튼*에 대해

기록이 존재하지 않던 시대에 이 땅에서 사람들은 어떻게 살았을까요? 우리는 선사시대에 남자와 여자와 아이의 일상생활을 쉽게 쓰려고 했습니다. 마조리 메이틀랜드 하워드Marjorie Maitland Howard 씨는 그림을 그려 이야기에 생동감을 불어넣었습니다.

우리는 이전보다 훨씬 자세하게 선사시대에 사람들이 어떻게 살았는지 알게 되었습니다. 고고학자들이야 사실에만 집착할 수밖에 없지만, 우리는 조사와 추론과 실험을 통해 그림 조각을 맞추어볼 수 있습니다.

되도록 전문 용어와 연대는 뺐습니다만, 독자를 위해 차례에 일반적인 시대를 구분하고 이에 따라 이 책의 장章을 나누었습니다.

이 책은 매우 폭넓은 시기를 다루었습니다. 사람들이 숲에서 사냥하며 지내던 때로 알려진 이 책의 첫 부분에 해당하는 시기와 로마인이 브리튼의 해안에 최초로 출현할 때 사이는 무려 2억 5천만 년입니다.

기후가 여러 차례 바뀌면서 브리튼 지역 대부분이 두 차례나 빙산과 얼음 조각으로 뒤덮였고, 바다의 수면이 바뀌었으며, 강바닥이 낮아지고 그 물길조차 바뀌었습니다. 그러나 아무리 풍경이 바뀐다 하더라도 그 속에 당시 사람들이 어떻게 살았는지 알 수 있는 실마리와 흔적은 남는 법입니다.

아주 먼 과거의 유적들을 찾아내고, 무덤과 언덕 요새나 심지어 예전에 존재했던 들과 마을을 알아보고 이해하는 일은 매우 흥미롭습니다. 유적은 우리네 시골 어느 곳에서나 흔히 볼 수 있습니다. 과거는 쉽게 지워지지 않으니까요.

에드워드 파이도크

헨리 호지스

* 옮긴이 주 : 브리튼Britain은 그레이트브리튼Great Britain의 약칭으로서, 브리티시British제도諸島 곧 영국제도를 가리키며, 크게 브리튼섬과 아일랜드섬으로 나뉜다. 브리튼섬에는 수도 런던London을 중심으로 하는 잉글랜드England와 웨일스Wales와 스코틀랜드Scotland가 있고, 건너편 아일랜드섬에는 아일랜드와 북아일랜드Northern Ireland가 있다.

1. 사냥꾼 인류

- 전기 구석기 시대(250,000년~80,000년 전)
- 후기 구석기 시대(80,000년~10,000년 전)
- 중석기 시대(기원전 10,000년~3000년)

전기 구석기 시대

구석기 시대의 사람들

25만 년 전에는 브리튼Britain의 해안선이 오늘날과 많이 달랐다. 브리튼이 대륙과 붙어 있었기 때문에 영국해협은 없었다. 두 번의 빙하기 사이에는 꽤 오랫동안 따뜻했는데, 이때 해수면은 지금보다 높고 강바닥도 현재와 비슷하거나 더 높았다. 그래서 우리는 지금보다 높은 곳에 위치했던 고대 해안의 모래나 조약돌 또는 옛 강바닥의 자갈 속에서 구석기 시대 사람들이 어떻게 살았는지 실마리를 찾을 수 있다.

오늘날까지 남은 유물은 모두 돌로 만든 도구다. 구석기 시대 사람들이 나무나 뼈로 도구를 만들 줄 몰라서가 아니라 돌이 가장 오래 보존되기 때문이다.

구석기 시대 사람들은 쓸 만한 형태가 될 때까지 부싯돌 덩이나 암석 덩어리를 깨뜨리고 다듬어서 돌 도구를 만들었다. 여러 도구 가운데서도 주로 주먹도끼로 동물의 가죽을 벗기거나 식물의 뿌리를 캐거나 물건을 자르거나 모양을 다듬었다. 구석기 시대 사람들은 주먹도끼 외에도 긁는 도구, 날카로운 쐐기 등 갖가지를 만들 수 있었으므로 이들을 '쪼개는 사람cleaver'이라고 한다.

모래와 자갈 속에서 돌로 만든 도구와 함께 동물의 뼈가 발견되었는데, 그 가운데는 구석기 시대 사람들이 가죽이나 먹을거리를 얻기 위해 사냥한 것이 있다. 날씨가 따뜻해진 이후로 크고 곧게 뻗은 상아를 가진 코끼리, 뿔이 두 개 달린 코뿔소rhinoceros, 들소bison와 거대한 소cattle 같은 동물의 뼈가 발견되었다. 이 동물들은 당시 유럽대륙을 넘어 오늘날의 브리튼까지 자유롭게 떠돌아다녔다.

이때의 사람들은 그리 훌륭한 발명가는 못 되었던 것 같다. 그들은 마치 오늘날의 오스트레일리아 원주민처럼 그들의 선조가 해오던 방식으로 사냥하고 식물의 열매와 뿌리와 씨를 채집하며 살았다.

그림을 보면 한 남자가 부싯돌 덩이를 깨뜨려서 주먹도끼를 만들고 있다. 이 남자와 같은 두개골이 켄트Kent의 스완스콤Swanscombe에서 발굴되었다. 뒤편에는 곧게 뻗은 커다란 상아를 가진 코끼리가 있다.

한 남자가 부싯돌 덩이를 깨뜨려서 주먹도끼를 만들고 있다. 켄트의 스완스콤.

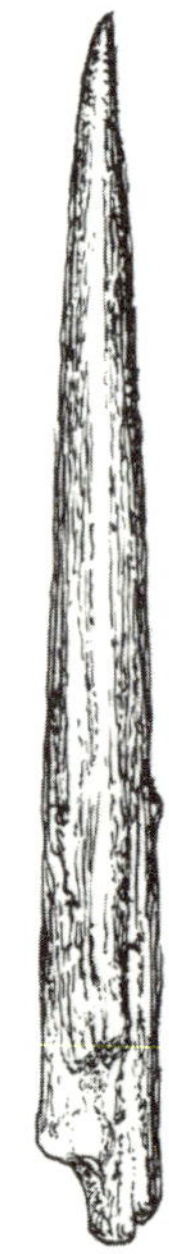

위 왼쪽 부싯돌 주먹도끼. 켄트의 스완스콤에서 발굴되었다.
위 오른쪽 나무 작살. 에식스Essex의 클랙턴Clacton에서 발굴되었다.
오른쪽 타원형 주먹도끼의 전면과 측면. 스완스콤에서 발굴되었다.

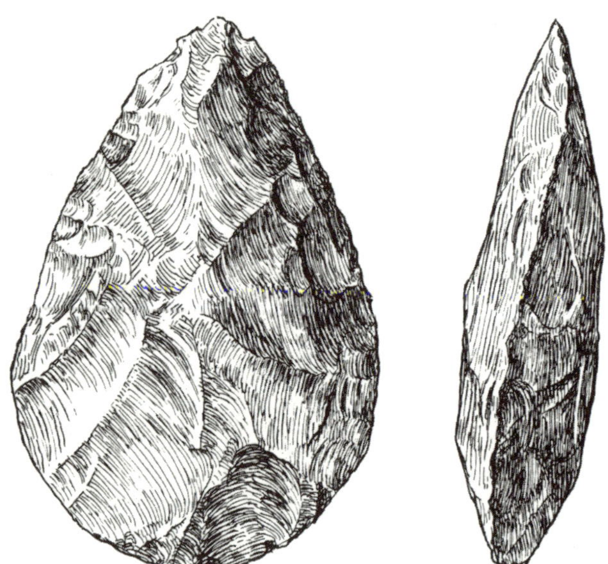

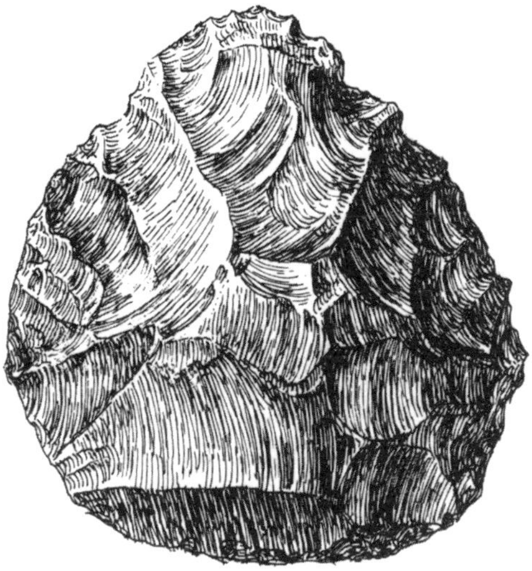

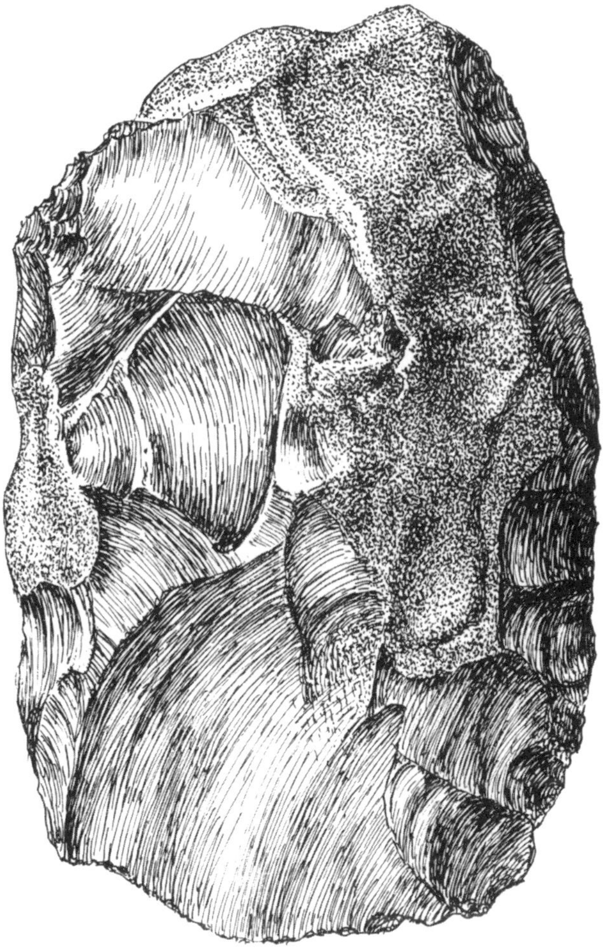

위 작은 주먹도끼. 스완스콤에서 발굴되었다.
오른쪽 부싯돌. 쪼갠 모서리가 날카롭다. 스완스콤에서 발굴되었다.

후기 구석기 시대

동굴 시대의 사람들

시간의 흐름을 감 잡기조차 힘든 1만 년이라는 시간이 지나갔다. 얼음판이 슬금슬금 땅을 뒤덮으면서 기후가 매우 혹독해지는 빙하기가 오자 사람과 동물이 브리튼을 떠나갔다. 사람과 동물은 다시 온난기가 되어서야 되돌아왔고 수천 년 동안 이전과 같은 방식으로 살았다. 이제 빙하기들의 마지막 단계에 접어들었다.

하지만 이 빙하기의 마지막 단계는 앞선 빙하기처럼 그렇게 혹독하게 춥지는 않아서 이때 브리튼 곳곳에서 인류가 오랫동안 살았다는 증거가 많이 발견되었다. 그런데 이전에는 보이지 않던 야생 동물들이 나타났다. 이 동물들은 심지어 얕은 눈 밑에서도 먹을거리를 찾을 수 있을 만큼 환경에 적응이 되어 있었다. 순록reindeer과 양털 코뿔소rhinoceros와 털 많은 매머드mammoth가 바로 그런 동물이었다. 이 동물들은 동굴 사자cave-lion나 하이에나hyena 같은 육식동물의 먹잇감이었다. 사람들은 식량이 되는 사냥감 떼를 쫓거나 털가죽을 얻으려고 동굴 곰cave-bear을 찾아다녔다.

이 시기에는 이미 뼈나 상아나 사슴뿔antler 같은 사냥감의 유골로 도구를 만들었다. 이 가운데 투창의 뾰족한 끝과 작살 등도 있었다. 아마도 동물의 힘줄을 가지고 자루에 동여맸을 것이다.

도구가 넉넉하지 않았기 때문에 이들은 선조들이 쓰다가 버린 부싯돌 조각을 재활용했다. 이들은 부싯돌에서 길고 날카로운 칼날들을 떼어내어 돌칼로 사용하거나 투창의 뾰족한 끝 또는 새기개 따위를 만들 만큼 솜씨가 좋았다.

사냥꾼들이 추위를 피해 은신처 같은 곳을 찾아야 할 때도 있었다. 아마도 이들은 움막을 치고 뼈로 만든 바늘로 가죽을 꿰매 옷을 만들어 입었을 것이다.

매우 혹독한 기후 속에서 이들은 몸을 숨길 동굴을 찾았다. 그래서 이런 동굴에서는 불에 타고 남은 재를 찾을 수 있다. 불은 몸을 따뜻하게도 하지만 어슬렁거리는 짐승들을 쫓아준다. 이들이 그 시기에 대륙의 종족처럼 동굴 벽에 그림을 그렸다는 증거는 없지만, 동물의 뼈나 뿔에 간단한 무늬 정도는 그려넣었다.

그림을 보면 데번셔Devonshire의 켄츠 캐번Kent's Cavern 입구에 한 가족이 있다. 아내는 가죽으로 만든 옷을 입었으며, 남편은 부드럽고 마른 나무 조각에 단단한 막대기를 돌려 불을 피우고 있다.

한 남자가 마른 나무 조각에 단단한 막대기를 돌려 불을 피우고 있다. 데번셔의 켄츠 캐번.

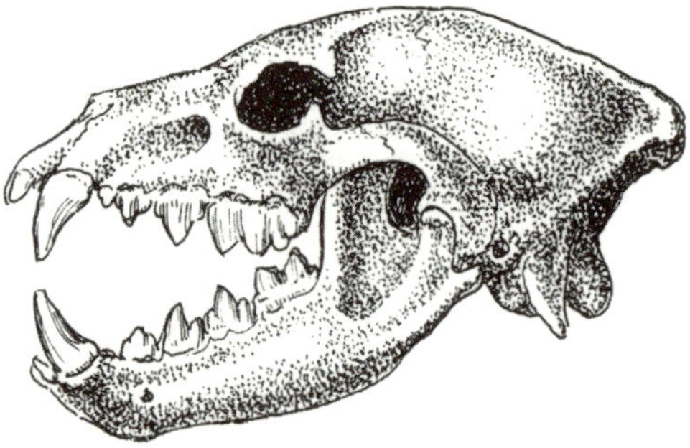

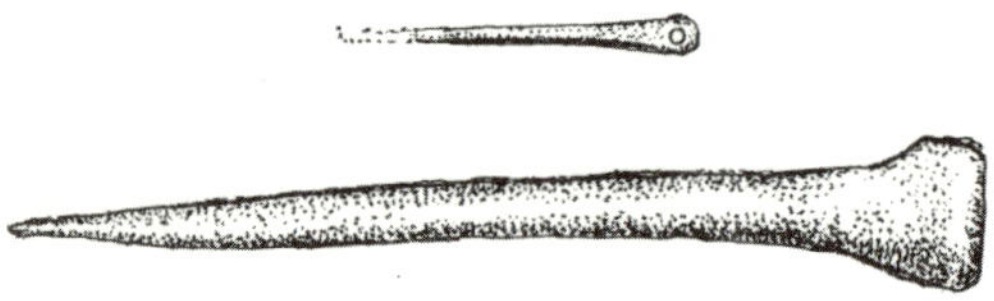

위 하이에나의 두개골.
아래 동물의 뼈로 만든 바늘과 침.

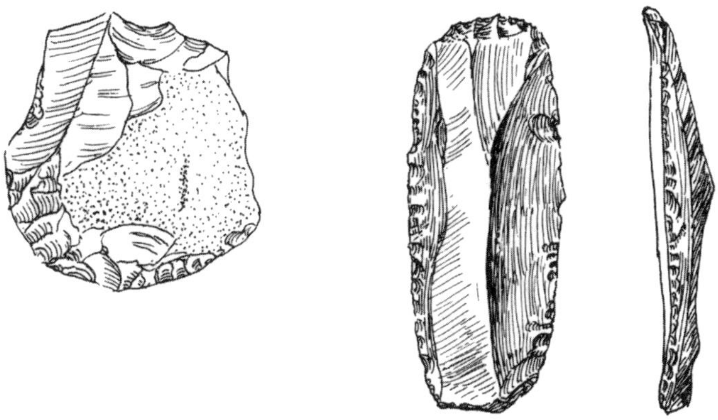

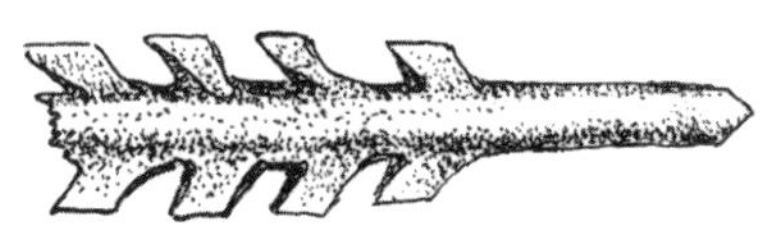

위 가죽을 무두질할 때 사용했을 부싯돌 긁개와 자르개.
아래 뼈를 조각해 만든 작살의 머리 부분.
네 가지 물건은 데번셔의 켄츠 캐번에서 발견되었다.

구석기 시대의 종말

빙하기 끝 무렵의 혹독한 겨울이 뜻밖에도 빨리 지나가고 채 몇 세기가 되지도 않아 날씨가 눈에 띄게 따뜻해졌다. 고대 브리튼의 생활방식은 오늘날과 비교해보면 매우 천천히 변했다.

구석기 시대의 마지막 사람들은 조상들의 방식을 따르며 살다가 마침내 그들보다 다소 편안하게 살게 되었다. 위를 덮듯 돌출한 바위를 지붕으로 삼고 나뭇가지와 동물의 가죽으로 대충 바람을 막아서 집을 만들었을 것이다.

도구는 여전히 주로 부싯돌로 만들었다. 하지만 이때의 칼날들을 보면 쓸모 있고 편하게 쓰려고 훨씬 정교하게 모양을 잡아서 사용했음을 알 수 있다.

덩치가 아주 큰 사냥감은 이동하거나 멸종했고 대신 사슴과 소가 많아졌다. 이때에는 브리튼에서 활과 화살을 쓰지 않았던 것으로 보이기 때문에 아마도 올가미나 그물을 사용해 잡든지 사냥감이 부상당하거나 힘이 빠질 때까지 추격했을 것이다.

그림의 바위 은신처는 더비셔Derbyshire의 크레스웰Creswell 크랙스Crags에 있다. 두 여자가 부싯돌 도구로 긁어내면서 가죽을 말리기 전에 나무 말뚝으로 고정하고 있다.

두 여자가 동굴 안 은신처에서 가죽을 나무 말뚝으로 고정하고 있다. 더비셔의 크레스웰 크락스.

순록reindeer. 도구로 이용한 뿔과 뼈가 더비셔의 크레스웰 크락스에서 발굴되었다.

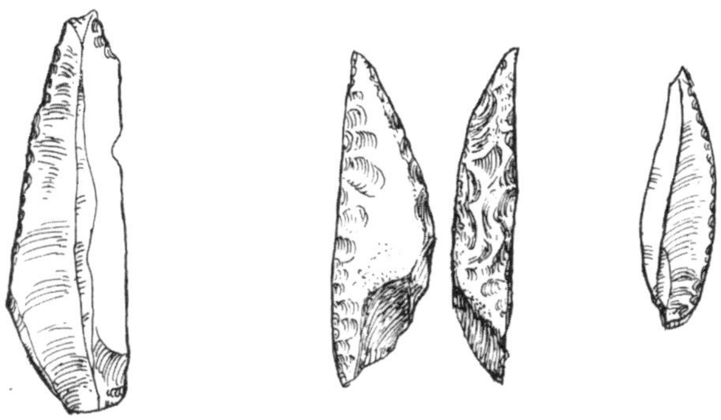

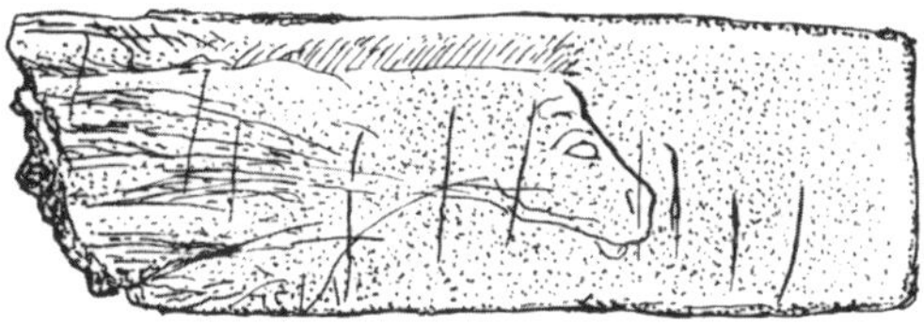

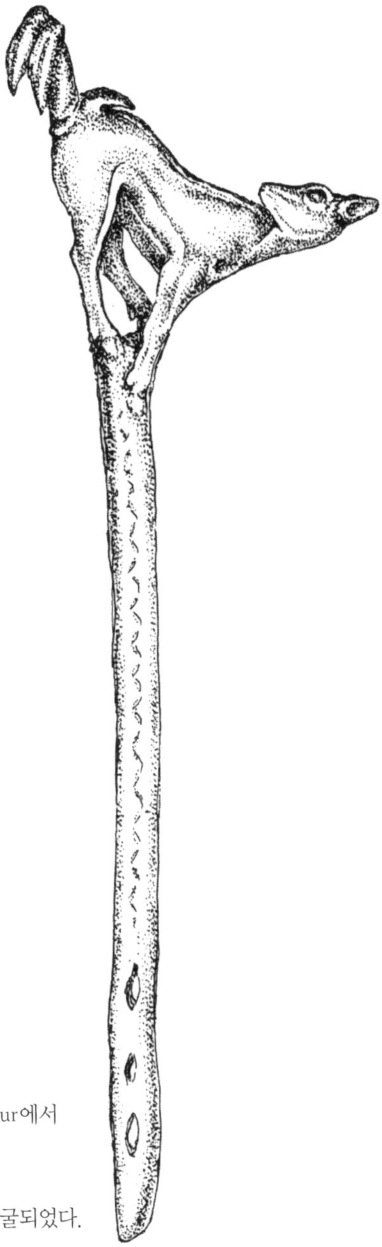

왼쪽 위 작은 부싯돌 도구. 더비셔의 머더 그런츠 팔러Mother Grundy's Parlour에서 발굴되었다.
왼쪽 아래 말을 새긴 뼛조각. 크레스웰 크락스에서 발굴되었다.
오른쪽 사슴뿔로 만든 투창기. 남프랑스 마스 다질Mas d' Azil의 동굴에서 발굴되었다.

중석기 시대

물가 생활

마침내 빙하시대의 빙산이 모두 녹아버리자, 순록들이 북쪽으로 옮겨가고 풀과 나무가 남쪽에서 점차 퍼져나가면서 온 땅이 수풀로 우거졌다. 처음에는 자작나무와 소나무가, 나중에는 참나무와 느릅나무와 너도밤나무가 군락을 이루었다.

이 시기 브리튼에 살던 사람들은 새로운 환경에 맞추어 살아갔다. 사냥감인 엘크elk와 소와 사슴들이 있었으며 강과 해안—심지어 오늘날의 북해를 가로지르는—을 둘러싸고 습지가 넓게 펼쳐져서 낚시로 식량을 넉넉히 마련할 수 있었다.

뼈로는 낚시 바늘을 만들고, 버들나무 잔가지로는 통발을 만들었으며, 가시가 있으면서 두 가닥으로 갈라진 사슴뿔과 뼈로는 작살을 만들어 뱀장어나 물고기를 잡았다. 하지만 풀과 나무가 울창하게 자라 습지에서 돌아다니기 어렵게 되자 사람들은 작은 나무를 쳐내는 데 쓰려고 부싯돌로 간단하게 도끼를 만들었다. 때때로 습지에서 살려면 나무를 쓰러뜨려 단壇과 둑을 쌓아야 했다. 이런 유적은 물이 점차 빠지면서 드러난 진흙투성이의 토탄土炭 속에서 발견되었다. 여름에는 단 위나 주변에 임시로 거처를 마련해두고 그곳으로 사냥한 날짐승과 들짐승을 가져왔다.

이곳 주위에서 발견된 잡동사니 중에서는 도구를 만들기 위해 절단하고 조각한 뼈와 사슴뿔이 발견되곤 한다. 그전보다 훨씬 예리한 부싯돌 작업을 시도해 뒷면이 무디면서도 매우 날카롭고 작은 촉을 송진에 묻혀 화살에 붙였다.

그림을 보면 머리에 사슴뿔을 쓰고 변장한 두 사냥꾼이 엘크를 쫓고 있다. 습지는 요크셔Yorkshire의 스타카Star Carr에서 발견된 것과 같다.

머리에 사슴뿔을 쓴 두 사냥꾼이 엘크를 쫓고 있다. 요크셔의 스타카.

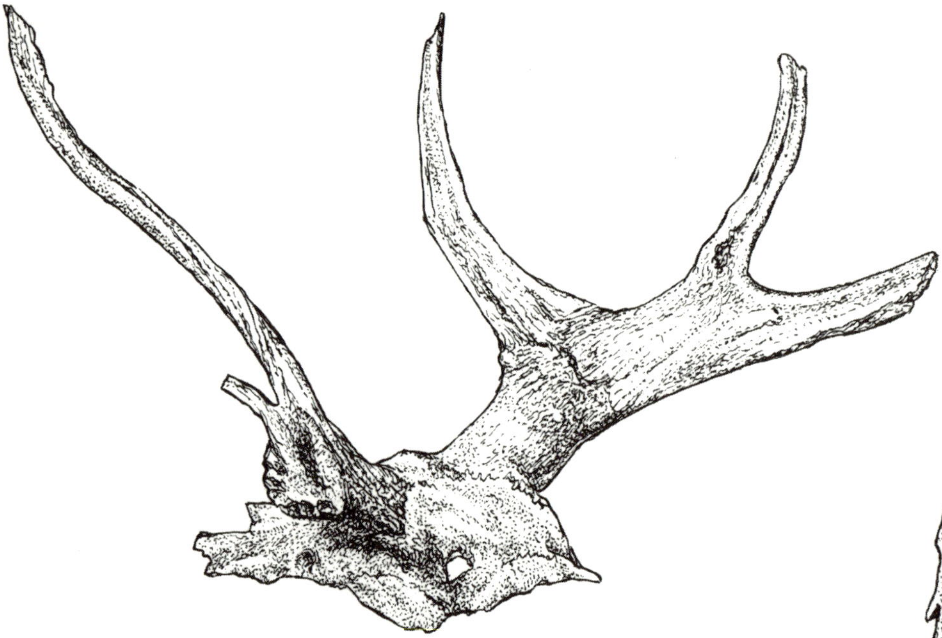

위 사슴의 뿔과 두개골. 사냥꾼들이 머리에 썼을 것이다. 요크셔의 스타카에서 발견되었다.
오른쪽 사슴뿔로 만든 갈퀴 달린 물고기 작살.

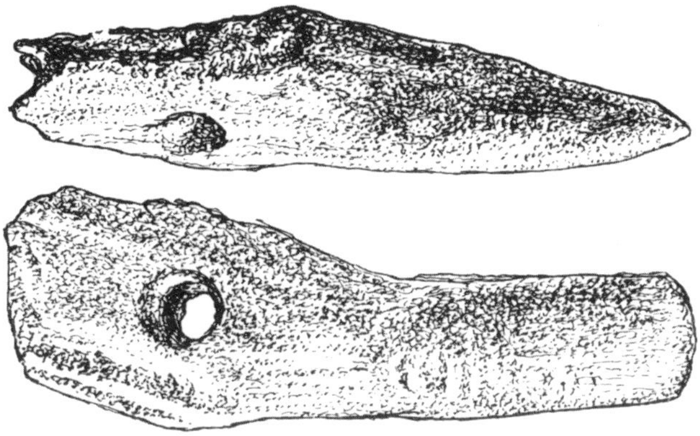

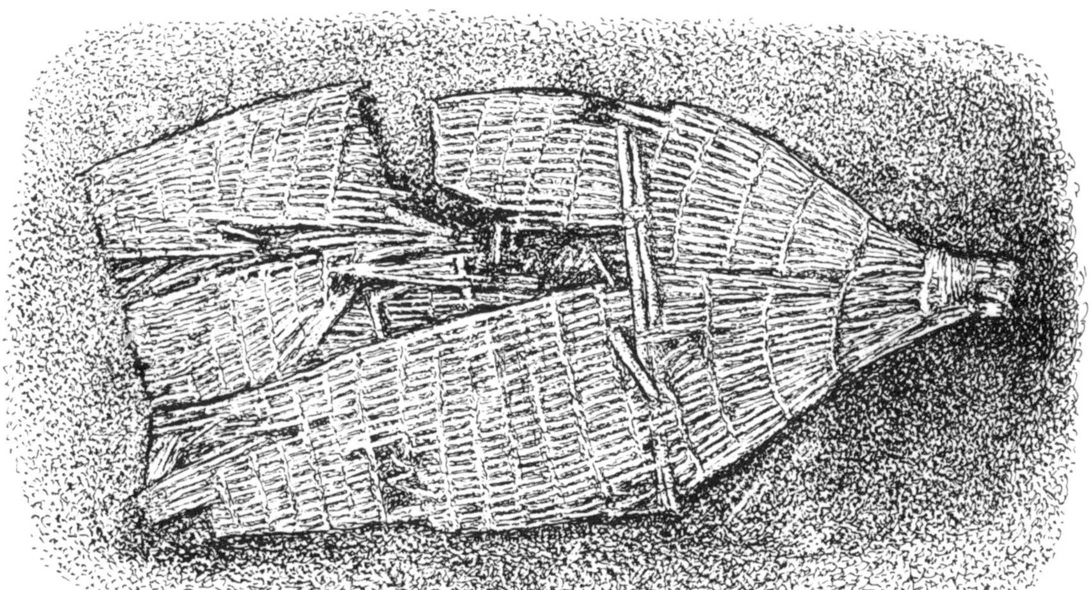

위 구멍을 뚫어 곡괭이처럼 만든 엘크의 뿔을 양쪽에서 그린 그림이다. 아마도 땅을 팔 때 썼을 것이다.
아래 버들나무로 만든 물고기를 잡는 통발. 덴마크 유틀란트Jutland의 토탄 습지에서 발견되었다.

중석기 시대

황야 생활

중석기 시대에는 물가와 습지에서 물고기를 잡으며 살기도 하고, 땅이 모래투성이라 나무가 쑥쑥 자라지 않는 곳이나 메마른 산등성이에서 사냥하며 살기도 했다. 때때로 사람들은 늪지와 수풀을 피해 능선 위 높은 곳에서 살았다. 활과 화살이 있어야 사슴이나 새를 잡을 텐데 이런 곳에서는 제대로 된 나무나 뼈가 없다.

이 당시의 것으로 추정되는 부싯돌로 만든 화살촉이 많이 발견되는 것으로 보아서는 이때 사람들은 화살과 활을 사용했으리라고 짐작된다. 게다가 아주 조그마한 삼각형과 반달 모양의 부싯돌 돌칼에 송진을 바르고 손잡이나 자루를 달아 다양한 도구를 만든 것 같다.

약간 우묵하게 파이고 그 주위에 한때 기둥이 박혀 있었을 구멍이 있는 터도 몇 군데 발견되었다. 아마도 갈대와 작은 나뭇가지로 지붕을 이은 엉성한 오두막의 흔적인 듯하다. 사람들은 여전히 먹을거리를 찾아 끊임없이 이동해야 했으므로 오랫동안 머무를 수 있는 거처를 마련하기는 어려웠을 것이다.

오늘날 세계 여러 곳의 사냥꾼들처럼 이들 중석기 시대 사람들은 부분적으로 교역하면서 살았다. 이들이 비록 브리튼에 농경하는 사람들이 자리 잡은 이후로도 예전처럼 살았지만 그렇다고 교역을 할 수 있는 사람들을 꺼리지는 않았을 것이다.

그림을 보면 작은 나무 가지로 손쉽게 만든 오두막이 있다. 중석기 시대 사람들은 이런 곳에서 살기도 했을 것이다. 이런 오두막의 흔적은 서리Surrey의 아빙거 하머Abinger Hammer에서 발견되었다. 여전히 가죽으로 옷을 만들었다. 사냥할 때 데리고 다녔던 개는 최초의 가축이다.

사냥꾼이 식량을 가지고 집으로 돌아오고 있다. 서식스Sussex의 호샴Horsham.

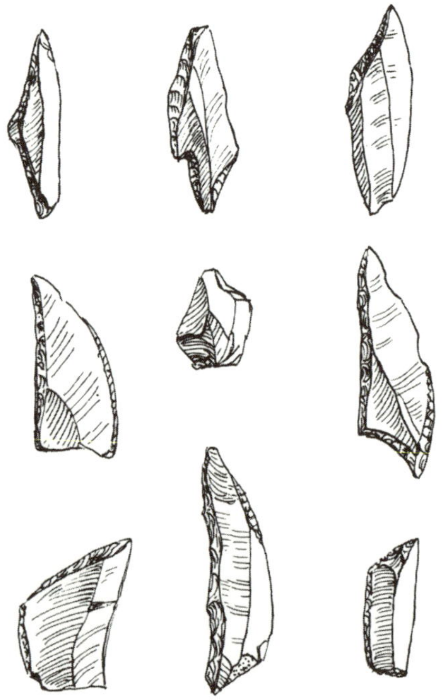

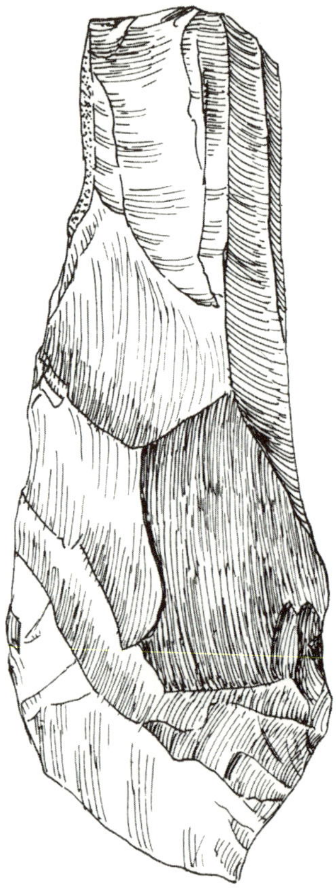

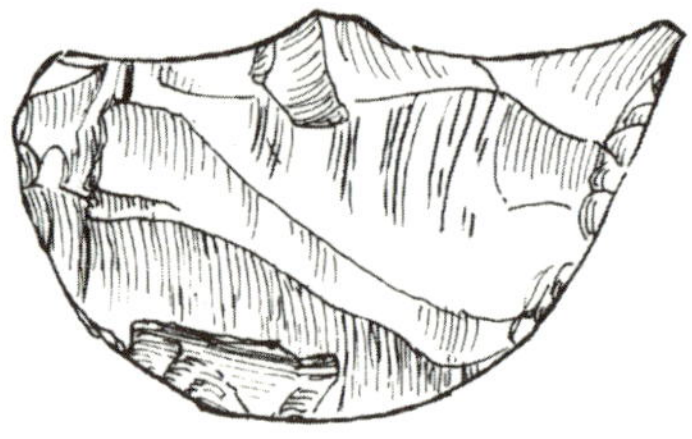

왼쪽 끝이 작고 뾰족한 중석기 시대의 부싯돌. 가장자리를 정교하게 쪼갰다. 대부분 화살촉으로 사용했다.
오른쪽 위 아래쪽 끝에서 비스듬히 쳐서 만든 부싯돌 도끼. 가장자리가 날카롭다. 서식스의 호샴에서 발견되었다.
오른쪽 아래 위와 같은 종류의 도끼를 만들면서 몸돌에서 떼어낸 돌조각. 이를 격지 또는 박편이라고 한다.

2. 농사꾼 인류

• 신석기 시대(기원전 3000년~1600년)

신석기 시대

최초의 농사와 목축

서유럽에서는 여전히 사냥하고 물고기를 잡거나 열매를 채집하며 살았다. 하지만 서아시아의 비교적 온난한 지역에서는 서서히 새로운 방식으로 살기 시작했다. 현재 이란, 이라크, 터키로 알려진 곳에서 사람들은 땅을 일구어 야생 밀과 보리의 씨앗을 뿌리고 농작물을 거둬들였으며, 그 다음 해에 파종하기 위해 낟알을 저장하는 법을 익혔다. 같은 시기에 그들은 야생 소와 양과 염소를 길들이는 방법을 익혔으므로 야생 사냥감을 따라서 이리저리 돌아다니지 않고도 가축에게서 젖과 고기와 가죽을 얻었다. 이 사람들이 사실상 최초의 농사꾼인 셈이다.

농사지으며 사는 방식이 서서히 서유럽을 향해 퍼지더니 약 5천 년 전에 최초의 농사꾼들이 브리튼에 왔다. 이들은 새로운 방식으로 살았다. 이제 떠돌아다니지 않아도 되기 때문에 훨씬 크고 영구적인 집을 세울 수 있었다. 하지만 여전히 아주 단순했다. 오두막은 뎅그러니 직사각형 하나의 공간이었고, 보통 한쪽 끝에 화덕자리가 있었다. 벽은 돌과 진흙으로 낮게 만들었으며, 짚으로 이은 지붕은 중앙의 목재 기둥이 떠받쳤다. 한쪽 끝에 있는 문을 통해 집 안으로 들어갔지만 창문은 없었으며, 지붕에 그저 구멍을 하나 뚫어서 화덕에서 나오는 연기가 빠져나갈 수 있게끔 했다. 오두막 안은 습하지 않고 따뜻했지만 매우 어둡고 연기가 자욱했을 것이다.

밀과 보리를 경작하면서 집안일이 늘었다. 간단한 맷돌과 토기를 만드는 일이다. 초기의 맷돌은 엉성해 보이기는 해도 아주 쓸 만했다. 살짝 파인 울퉁불퉁한 돌 위에 곡물을 놓은 다음 둥그런 돌로 앞뒤로 왔다갔다 문지르며 빻아서 가루로 만든다. 빻은 가루가 굵고 돌 알갱이들이 많이 섞여 있어서 이것을 씹는 사람들은 치아가 빨리 닳았다. 이 시기 사람들의 해골에서 발견된 치아를 살펴보면 심지어 젊은 사람의 이도 몹시 닳아 있다.

가루를 저장하는 토기와 조리용 단지는 집에서 만들었다. 진흙을 파내 모래와 섞은 반죽을 말아서 길게 늘여 축축할 때 한 켜씩 쌓아 올려 토기와 단지를 만들었다. 그 다음 표면을 매끄럽게 만들기 위해 둥근 조약돌로 단지의 표면을 문질렀으며, 그런 뒤에 햇빛이나 불 곁에 두어 말렸다. 마지막으로 단지를 불 속에서 단단하게 구우면 사용할 만한 게 되었다. 바깥의 나무 화덕 위에 놓기 좋게 이 시기의 단지는 대개 바닥이 둥글었다.

그림을 보면 두 여자가 진흙 반죽을 길게 늘여 한 켜씩 쌓아 올리며 토기를 만들고 있다. 뒤편에서는 한 여자가 나무와 짚으로 지붕을 이은 작은 집 앞에서 맷돌 위에 곡물을 놓고 열심히 갈고 있다. 이런 집의 유적이 데번셔Devonshire의 홀던Haldon에서 발견되었다.

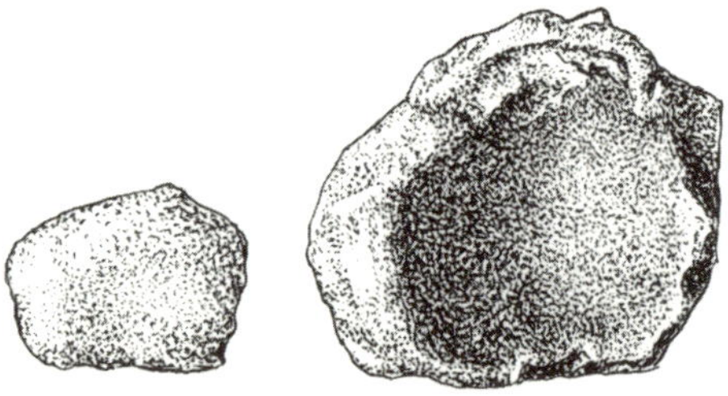

오른쪽 위 곡물을 빻을 때 썼던 맷돌의 윗돌과 아랫돌. 윌트셔Wiltshire의 윈드밀힐Windmill Hill에서 출토되었다.

오른쪽 가운데 받침대가 둥근 전형적인 요리용 단지. 서식스Sussex의 화이트와크 캠프Whitehawak Camp에서 출토되었다.

오른쪽 아래 잎사귀 모양으로 거칠게 만든 두 개의 부싯돌 화살촉. 최초의 농사꾼들이 야생 동물 사냥을 줄곧 했다는 증거다.

맨 아래 타지 않은 부드러운 낟알의 자국(왼쪽)이 단지 표면에 나 있다. 비슷한 자국들을 보면 보리와 아마亞麻를 기르고 야생 사과를 채집했음을 알 수 있다. 모두 윈드밀힐에서 출토되었다.

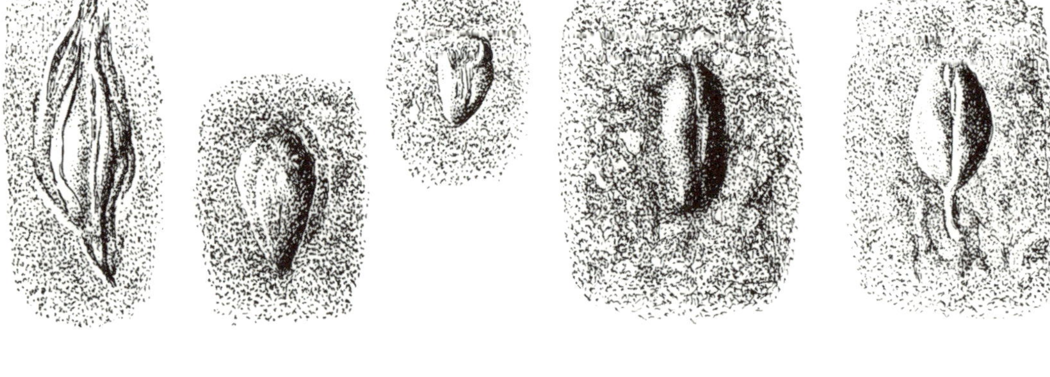

두 여자가 반죽한 진흙을 쌓아 올려 단지를 만들고 있다. 뒤편에서는 한 여자가 곡식을 갈고 있다. 데번셔의 홀던.

신석기 시대

농사짓기

이 시기 유럽의 풍경은 오늘날과 많이 달랐다. 거의 모든 땅이 숲이나 늪이어서 농사를 짓기 전에 먼저 수풀을 없애 벌판을 만들어야 했다. 농사짓기에 알맞은 땅을 찾아내면 큰 나무들은 날을 세운 돌도끼로 찍어냈다. 그런 뒤에 좀 가벼운 나무와 키 작은 나무들은 가지를 쳐서 불태웠다. 나무를 없애면서 그 재로 농사지을 땅을 기름지게 만들기 위해서다.

숲 속에 빈터를 만들고 나면 나무로 만든 괭이나 날카로운 막대기로 흙을 파서 씨를 뿌리고, 부싯돌로 날을 세운 작은 낫으로 이삭을 거둬들였다. 농작물을 거둬들이고 나면 오늘날의 농사꾼처럼 그 다음 농사를 위해 그루터기와 잡초를 불태워 땅의 힘을 키웠다. 한 벌판에서 같은 작물을 오랫동안 키우면 땅의 힘이 떨어져 작물이 잘 자라지 않기 때문에 몇 년이 지나고 나면 벌판을 버리고 다시 새 벌판을 만들어야 했다. 옛 벌판은 양과 소를 돌보는 장소로 사용했기 때문에 다시 숲이 되지는 않았다.

오늘날 소는 들에서 풀을 뜯어먹으며 사는 동물이라고 생각하지만, 원래 야생 소는 숲 속에서 살았다. 초기의 길들여진 소는 떼를 지어 새로운 빈터나 숲 속에서 길렀는데, 그곳에서 소들은 키 작은 나무나 낮은 가지에 있는 어린 잎사귀를 뜯어먹을 수 있었다. 양은 원래 산악 지대에서 왔으므로 자연적인 목초지나 광야에서도 잘 살 수 있었다.

사료가 상당히 빈약했을 뿐 아니라 초기의 사람들이 동물을 제대로 사육할 줄 몰랐기에 양과 소 모두 야생 때보다 작고 야위었다. 특히 양은 오늘날과 영 딴판이다. 암양과 숫양 모두 둥글게 뿔이 말려 있고, 털은 부드럽고 희기는커녕 가닥이 진 칙칙한 갈색이었다. 이들과 매우 비슷한 몇몇 양들을 지금도 스코틀랜드의 외딴 섬이나 동물원에서 볼 수 있다.

초기 농사꾼에게 더욱 중요한 동물이 있었다. 바로 개다. 앞서 살펴보았듯이 사냥꾼들은 일찍부터 개를 길들여서 사냥할 때 데리고 다녔다. 개는 사냥뿐 아니라 소나 양을 모는 일을 도왔고, 이리나 늑대 혹은 독수리같이 사나운 날짐승에게서 가축을 지켜냈다.

그림을 보면 윌트셔Wiltshire의 윈드밀힐Windmill Hill처럼 언덕 꼭대기의 집회 장소를 둘러싸는 도랑이 있다. 한 농사꾼이 아내와 함께 부싯돌로 날을 세운 작은 낫으로 곡식을 수확하고 있다. 뒤편에는 어린잎을 뜯는 작은 양과 소들이 있다.

한 농사꾼이 아내와 함께 곡식을 거둬들이며 가축 떼를 돌보고 있다. 윌트셔의 윈드밀힐.

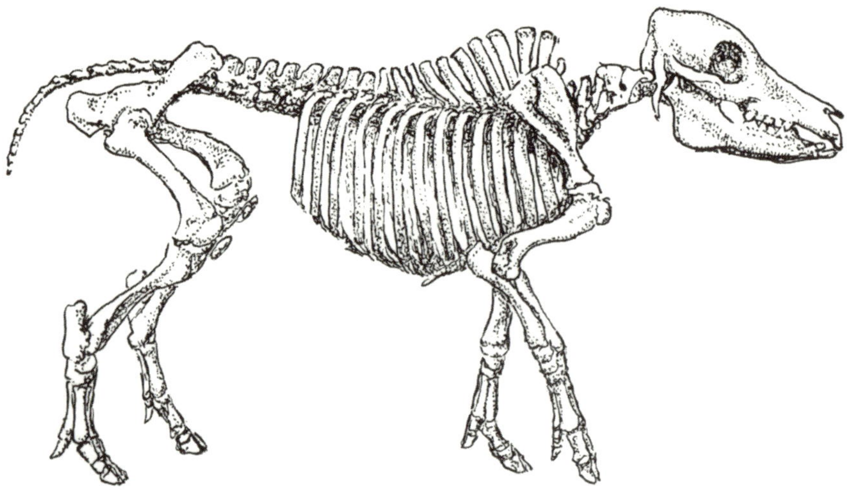

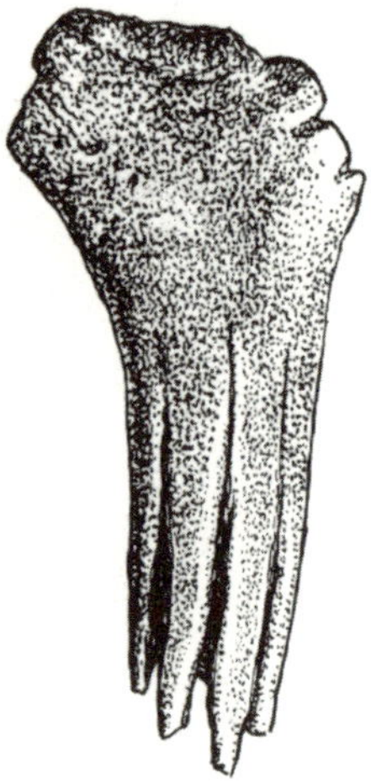

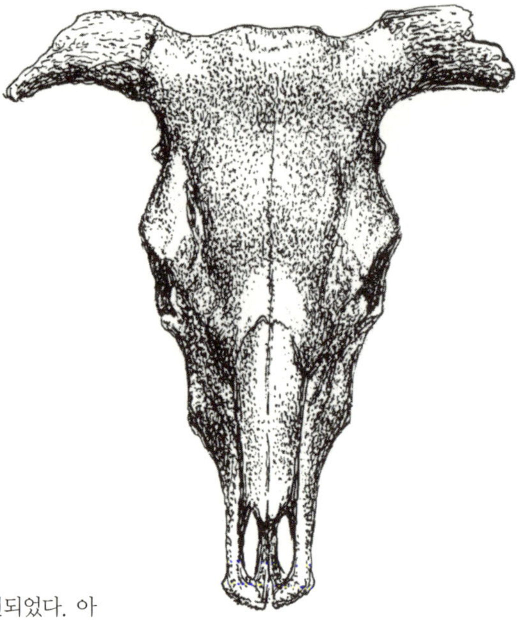

위 어린 돼지의 유골. 윌트셔의 윈드밀힐에서 발견되었다. 아마도 가축일 것이다.
아래 왼쪽 사슴뿔 한 조각으로 만든 빗. 윈드밀힐에서 발견되었다. 가죽을 만들 때 털을 제거하는 데 썼을 것이다.
아래 오른쪽 집에서 기르던 작은 수소의 두개골.

신석기 시대

부싯돌 캐기

주로 부싯돌로 도구를 만들던 구석기와 중석기 시대와 마찬가지로 신석기 시대에도 도구를 만들려면 부싯돌이 꼭 필요했다. 이전과 비교하면 도구는 전체적으로 훨씬 더 정교하고 아름다워졌다. 그런데 이런 도구를 만들려면 원하는 대로 정교하게 박편이 떨어지는 질 좋은 부싯돌을 써야 한다. 부싯돌은 비바람을 맞으면 종종 안쪽이 날카롭게 금이 가기 때문에 땅 표면에서 수집한 부싯돌 덩이는 믿을 수가 없었다. 그래서 신석기 시대 사람들은 균열이 가지 않은 양질의 부싯돌을 캐내는 법을 찾아냈다.

백악白堊, 석회암 단층 사이에서 불규칙한 형태의 덩이로 묻혀 있는 부싯돌은 백악 속 거의 어디에서나 발견된다. 그래서 광부들은 부싯돌이 있는 이런 단층을 발견하기 위해 곡괭이와 삽으로 백악토를 관통해 단층 아래쪽으로 파 들어갔다.

곡괭이로는 붉은 사슴의 뿔을 썼다. 붉은 사슴의 뿔은 가지를 적당히 잘라내고 나면 광부가 쓰기에 적당한 도구가 된다. 광부들은 사슴뿔의 줄기는 손잡이로 쓰고 뾰족하게 남은 가지로는 백악토를 비집어 열었다. 또 평평한 삼각형의 소 어깨뼈에 나무 손잡이를 끼워 삽으로 썼다. 별로 쓸모없는 백악토와 부싯돌 덩이는 자루나 바구니에 담아 수직으로 파 들어간 갱도坑道의 입구로 나르거나 줄로 끌어올렸다.

나오는 돌이 형편없으면 광부들은 몇 단층을 더 파 내려갔다. 질 좋은 단층에 다다르면 수직 갱도에서 단층을 따라 옆으로 암반을 파 들어가서 동굴과 갱도를 만들었다. 어둡기 마련인 갱도에서는 불이 없으면 일을 할 수가 없으므로 광부들은 등불을 사용했다. 광부들은 백악토 덩이의 속을 비워 거기에 동물성 지방을 넣고 그 안에 갈대나 이끼로 만든 심지를 띄웠다.

광부들은 얼마 되지도 않는 보잘것없는 도구를 가지고 부싯돌 덩이를 땅 위로 가져와서 사용하기 알맞은 조각으로 부수었다. 그러고 나서 다시 조각들을 거칠게 쪼개어 도끼 모양으로 대충 형태를 잡은 뒤 젖은 모래로 갈아서 마무리했다.

부싯돌은 좀더 작고 날카로운 도구를 만드는 데도 썼다. 이때에는 덩이를 미리 정해둔 형태대로 깎아낸 뒤 끝을 쳐내면서 예리한 날을 만들었다.

그러고 나서 날을 다듬고 얇은 조각으로 떼어내 화살촉이나 칼로 썼다. 그래서 표면을 보면 잔물결 모양으로 예리하게 깨진 자국투성이다.

그림을 보면 두 남자가 사슴뿔로 만든 곡괭이로 뒤편으로 보이는 갱도에서 부싯돌 덩이를 캐내어 수직 갱도의 밑바닥까지 가져와서는 가죽 자루에 담아 땅 위로 나르고 있다.

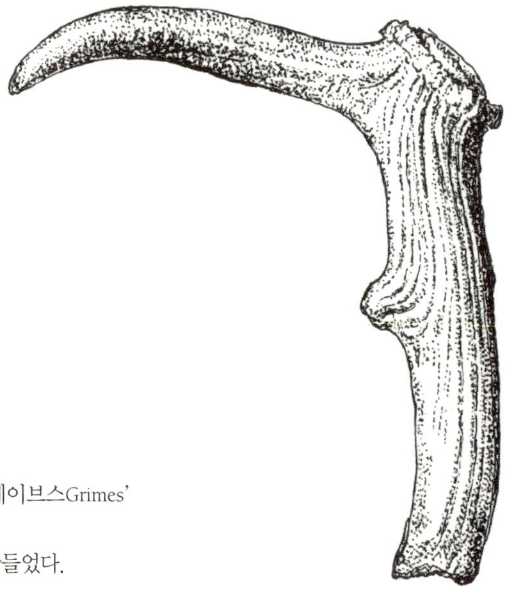

오른쪽 광부의 곡괭이. 노퍽Norfolk의 그림스 그레이브스Grimes' Graves 부싯돌 광산에서 많이 발견되었다.
아래 소의 어깨뼈로 만든 삽. 손잡이는 사슴뿔로 만들었다.

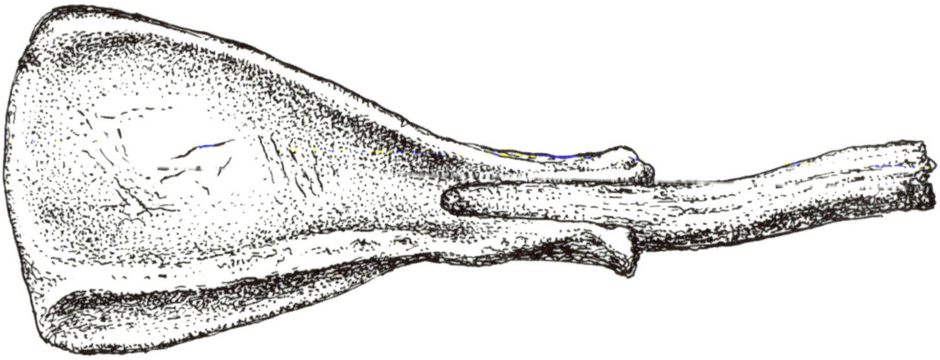

두 남자가 부싯돌을 캐내고 있다. 노퍽의 그림스 그레이브스.

신석기 시대

돌도끼

이 당시 농사꾼이 농사를 지으려면 나무를 쓰러뜨려 목재로 가공할 줄 알아야 했기 때문에 돌도끼 날은 늘 필요했다. 부싯돌이 석회암 지대에서는 쓸모가 있었지만, 정작 단단한 날을 만들 질 좋은 암석은 흔하지 않았다. 이윽고 질 좋은 암석의 광맥이 지면에서 발견되자 도끼로 쓸 돌만 캐내거나 도끼를 거래하는 일만 하는 사람도 나타났다.

알맞은 돌을 발견하면 땅 위로 드러난 암석의 틈새에 쐐기를 박아 떼어낸다. 때로는 불을 피워 바위 덩어리를 달군 뒤 차가운 물을 끼얹어 바위가 갈라지게 만드는 방법을 쓰기도 한다. 적당한 덩이로 떼어내고 나면 다시 조각을 내어 도끼 형태로 거칠게 모양을 잡은 뒤 조금씩 떼어내 다듬는다.

도끼로 쓸 돌을 산 사람은 가공하지 않은 적당한 크기의 돌을 가지고 가서 도끼로 형태를 잡은 뒤 갈아서 반질반질하게 만든다. 그러고 나서 대개는 도끼에 나무로 만든 자루를 묶지만, 필요하면 구멍을 뚫어서 자루를 끼우기도 한다. 구멍을 내기 위해 끝 부분에 뼈가 달린 뾰족한 막대를 나무에 대고 돌리면서 모래와 물을 붓는다. 물은 열을 식히고 모래는 구멍을 내기 위해서다. 열기를 식히고 나면 모래로 문질러 다듬는다. 구멍을 내는 데 쓰는 막대가 금방 닳고 구멍을 내기까지 한참을 돌려야 하지만, 이렇게 하면 자루에 구멍을 깔끔하게 낼 수 있다.

돌도끼는 꽤 멀리서도 사러 오는데, 예를 들자면 켄트Kent에서 발견된 도끼 몇 개는 원래 사우스웨일스South Wales의 언덕에 있는 채석장에서 캐낸 것이다. 보통 도끼를 만드는 데 사용하는 암석은 여러 가지 광물을 포함하기 때문에 도끼에서 얇은 조각을 떼어내어 현미경으로 살펴보면, 이 암석이 어느 지역의 것인지 알 수 있다. 실제로 이 당시의 채석장 스물네 곳이 발견되었다. 대부분 북잉글랜드의 웨일스와 콘월Cornwall에서 발견되었다.

그림을 보면 두 남자가 돌도끼를 만들기 위해 컴벌랜드Cumberland의 파이크 오스티클Pike O' Stickle에서 암석을 쪼개고 있다. 암석 덩어리를 뜨겁게 달군 다음 한 사람은 물을 끼얹어 식히고, 한 사람은 돌을 내려쳐 깨뜨리고 있다.

두 남자가 돌도끼를 만들려고 암석을 깨뜨리고 있다. 컴벌랜드의 파이크 오스티클.

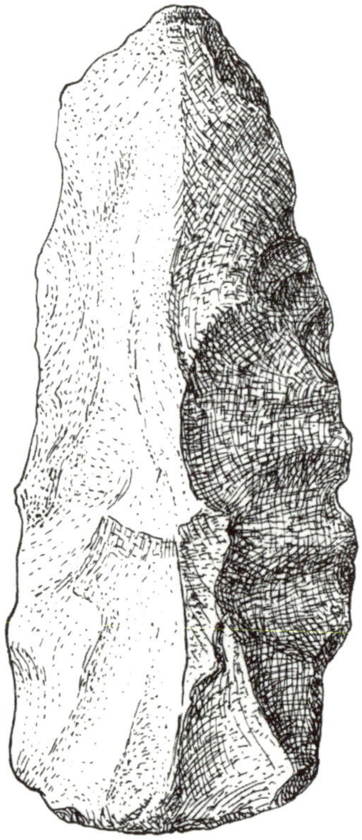

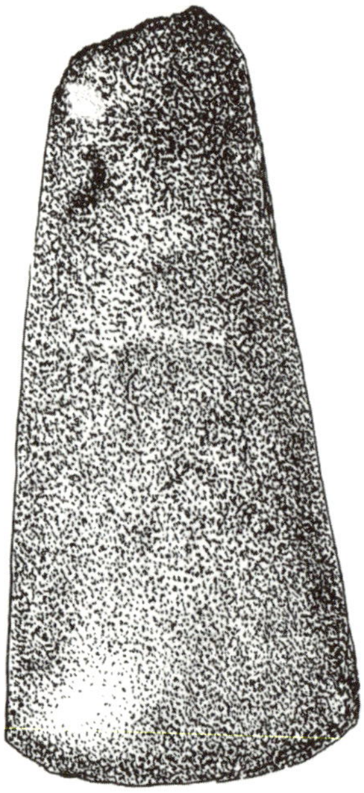

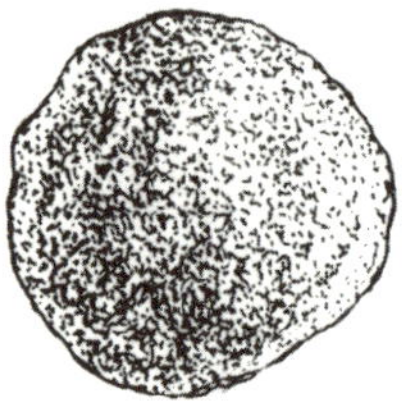

위 왼쪽 도끼 모양으로 거칠게 형태를 잡은 돌덩이. 컴벌랜드의 파이크 오스티클에서 발견되었다.
위 오른쪽 왼쪽의 돌덩이를 갈고 다듬어 완성한 도끼날. 북쪽 웨일스에서 발견되었다.
오른쪽 돌망치. 파이크 오스티클에서 발견되었다.

도끼를 만들기에 알맞은 돌은 산이 많은 지역의 단단한 암석 사이에서 어렵사리 발견된다. 파이크 오스티클의 오늘날 풍경이다.

신석기 시대

배 만들기

주거지들 사이에 작은 길이나 오솔길이 있기는 했지만, 땅이 온통 숲으로 빽빽해지자 길다운 길이 없어서 다니기 불편해졌다. 그래서 멀리까지 가려면 강기슭을 따라 걷거나 배를 타야 했다.

처음에는 가벼운 나무로 틀을 잡고 여기에다 가죽을 팽팽히 쳐서 배를 만들었지만 이렇게 엉성하게 만든 배는 오래 쓰기 힘들었다. 그래서 나중에는 나무 몸통의 속을 파서 단단한 배를 만들기 시작했다. 배를 만들기 알맞은 떡갈나무oak를 베어 가지를 쳐내고 껍질을 벗긴 뒤 줄기에 불을 붙여 나무를 까맣게 태우고 나서 조금씩 깎아내는 방식으로 작은 배를 만들었다.

하지만 이런 종류의 배는 나무가 마르면 쩍쩍 갈라지기 때문에 마르지 않도록 해야 한다. 그래서 한동안 배를 타지 않을 때에는 물속에 가라앉혀두었다. 때때로 배의 임자가 영영 돌아오지 않으면 이 작은 배는 강이나 호수의 진흙 바닥으로 깊게 가라앉는다. 진흙이 나무가 썩지 않도록 해주기 때문에 오늘날에도 매우 잘 보존된 채로 이 당시의 배가 발견되곤 한다.

이때의 농사꾼들은 대개 숲이 울창하지 않은 고원에 주거를 마련했지만, 얼마간의 사람들은 호수와 넓은 강의 언덕에서 살았다. 이들은 작은 배로 쉽게 돌아다닐 수 있어서 물고기를 잡거나 물새를 사냥해 먹을거리를 마련했다.

작은 배와 마찬가지로 나무로 만든 물건들이 썩지 않고 축축한 진흙 속에서 보존되었으므로 오늘날 이 당시 사람들이 어떻게 살았는지 엿볼 수 있다. 이들이 살았던 호숫가의 주거지에서는 작은 배의 노, 활, 화살, 나무 손잡이가 달린 돌도끼, 나무 그릇, 바구니 등 다양한 살림살이가 발견되곤 한다. 하지만 이들이 어떤 도구를 사용했는지는 알기 어렵다.

그림을 보면 두 남자가 나무 몸통의 속을 파내 작은 배를 만들고 있다. 한 사람은 나무를 태우기 위해 부채질하고, 한 사람은 새까맣게 탄 나무를 깎아내고 있다. 컴벌랜드Cumberland의 에인사이드 타른Ehenside Tarn에서도 분명 이와 비슷한 배를 사용했을 것이다.

두 남자가 나무 몸통의 속을 파내 작은 배를 만들고 있다. 컴벌랜드의 에인사이드 타른.

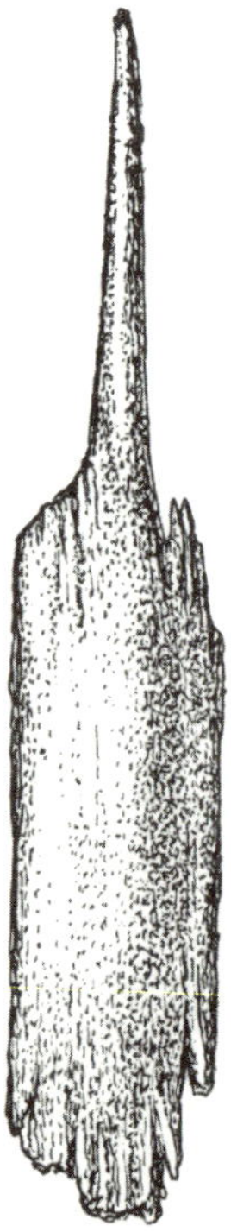

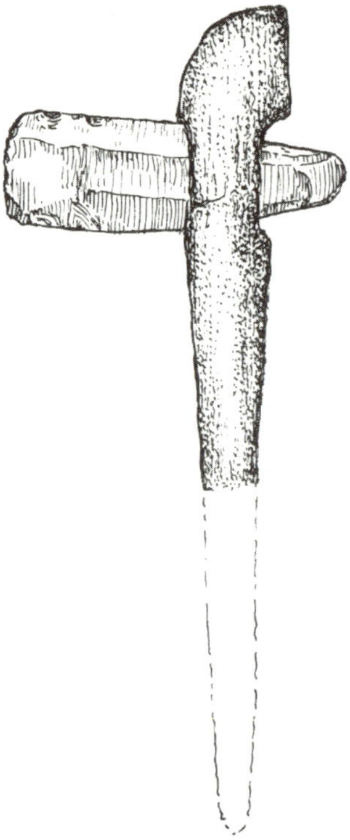

위 왼쪽 나무로 만든 작은 배의 노. 컴벌랜드의 에인사이드 타른에서 발견되었다.
위 오른쪽 도끼 손잡이의 윗부분. 에인사이드 타른에서 발견된 이 유물은 호수의 진흙 속에 잘 보존되어 있었다. 도끼날은 돌로 만들었다.
아래 나무 몸통의 속을 파내 만든 배의 뒷부분. 아마도 판자를 대어 수리했을 것이다. 노팅엄셔Nottinghamshire 트렌트강River Trent에서 발견되었다.

신석기 시대

죽은 이의 집

초기 농사꾼들이 원시적인 도구로 작고 단순한 형태의 집을 짓고 살았지만, 큰 돌이나 흙으로도 구조물을 만들 줄 알았다. 이들은 죽은 이를 위해 매우 긴 길이의 건축물을 만들었는데, 자신들의 염원대로 이렇게 하는 것이 죽은 이에게 적합하다고 판단한 것 같다. 아직도 시골에 가면 언덕의 꼭대기 부근에서 길이가 90미터 혹은 그보다 더 긴 무덤을 가끔씩 볼 수 있다.

이들이 죽은 이를 이와 같은 방식으로 대했다고 할지라도 여전히 매장 풍습은 우리에게 낯설다. 이들은 시신을 곧바로 묻지 않고 나무로 만든 곳에 놔두었다가 뼈만 앙상하게 남으면 최종적인 매장을 준비한다.

보통 바위가 많은 곳에서는 돌방을 세우지만 바위가 별로 없는 곳에서는 나무로 방을 만들기도 했다. 방을 마련하고 나면 죽은 이의 임시 무덤에서 유골을 조심스레 옮겨와 새로 마련한 방 안에 놓아둔다. 그러고 나서 거기에 돌이나 흙으로 봉분을 세운다. 흙으로 무덤을 만들 때는 봉분 옆으로 흙을 파내 각각 하나씩 도랑을 낸다. 마지막으로 방의 입구를 막고 흙이나 돌로 덮는다.

무슨 까닭으로 이렇게 죽은 이를 매장했는지는 알려지지 않지만, 몇 가지 분명한 점이 있다. 보통 방으로 들어가는 문 앞에 작은 마당이 있는데 아마도 여기에서 마지막 의식을 행했을 것이다. 또 시신 몇 구에서 유골들을 옮겨와 동시에 이곳에 놓기도 한 것 같다. 부족장과 같이 매우 중요한 사람이 죽었을 때에만 의식을 거행하고 매장한 뒤 아마도 정해둔 시기나 여러 해 동안 매년 의식을 치렀을 것이다.

초기 농사꾼들은 크고 구조가 복잡한 무덤을 만들었을 뿐 아니라 특별한 집회 장소도 마련해두었다. 대개 이런 곳은 언덕의 꼭대기에서 발견된다. 대충 둥그렇게 틀을 잡은 지역은 짧은 길이의 도랑으로 구획되었으며 때로는 중간이 끊긴 고리 모양으로 구획되기도 했다. 하지만 좀더 흔한 모양은 35쪽 그림처럼 중간이 끊긴 두세 개의 고리가 안팎으로 있는 형태를 취하고 있다.

부족 사람들은 어떤 의식을 행하기 위해 이 장소에 모여서 노래 부르고 춤추며 축제를 벌이곤 했다. 또 이곳에서 말다툼하거나 법을 만들거나 부족과 관련된 일을 토론하거나 물건을 교환하기도 했을 것이다. 하지만 발견할 수 있는 것이라고는 그들이 먹다 남긴 고기의 뼈와 도랑 속의 깨진 토기 조각뿐이라서 그저 추측만 해볼 뿐이다.

그림을 보면 틀림없이 많은 사람이 —글로스터셔Gloucestershire의 낫그로브Notgrove에 있는 긴 고분에서와 같은 그러한— 거대한 돌을 세워 중앙의 무덤방을 만들기 위해 함께 일했을 것이다. 아마 돌을 움직이기 위해 밧줄과 지레와 나무로 만든 굴림대 등을 사용했을 것이다.

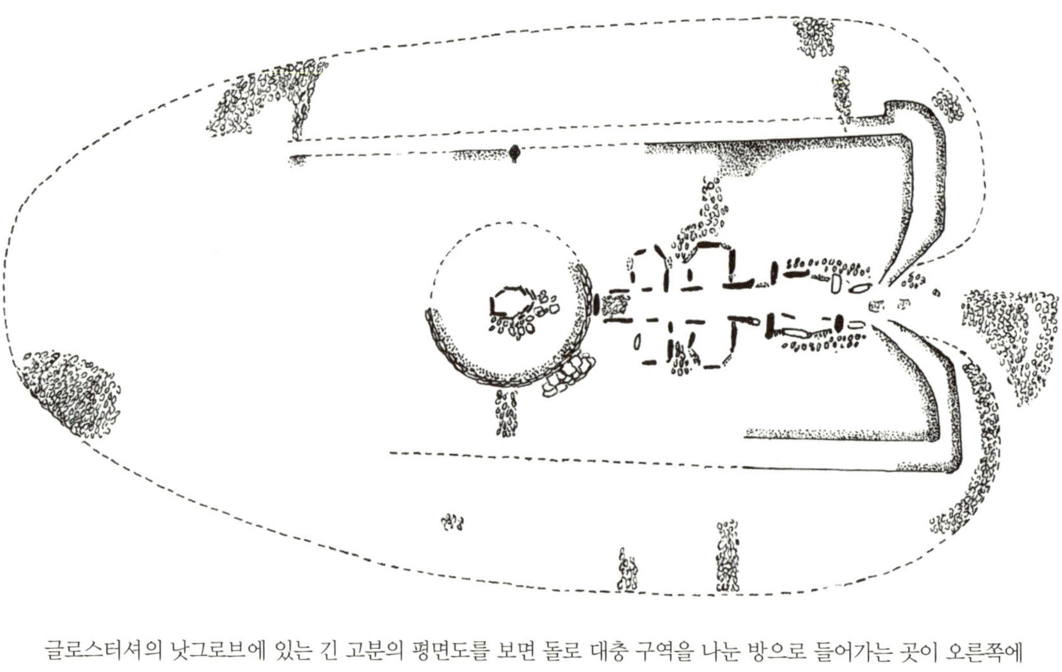

글로스터셔의 낫그로브에 있는 긴 고분의 평면도를 보면 돌로 대충 구역을 나눈 방으로 들어가는 곳이 오른쪽에 있다.

많은 사람이 긴 고분을 건설하고 있다. 글로스터셔의 낫그로브.

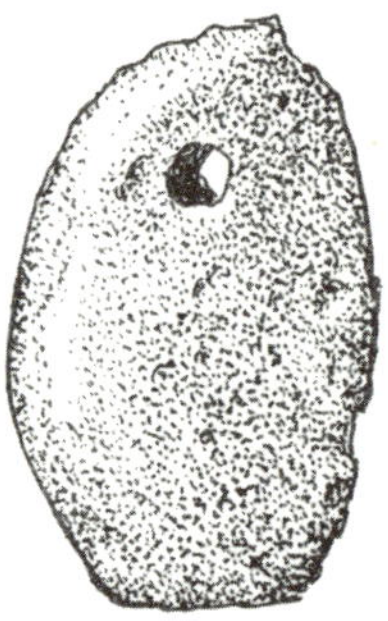

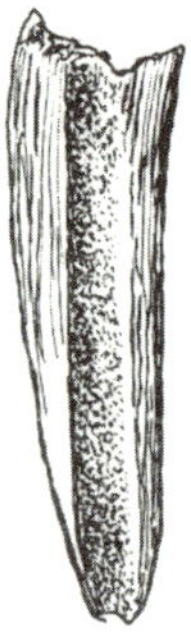

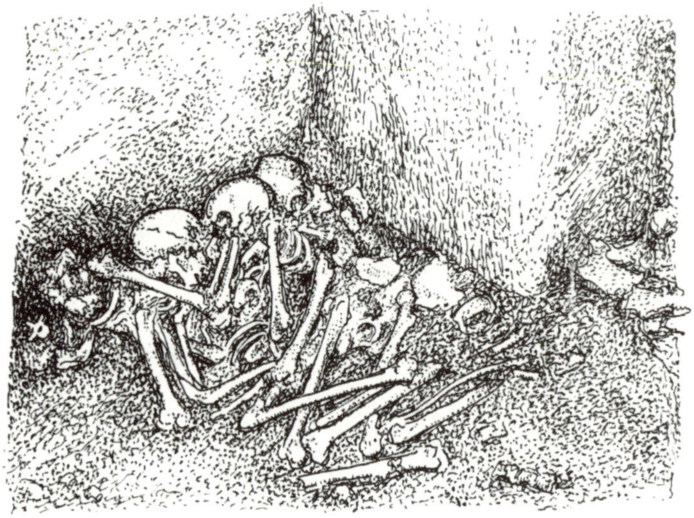

위 왼쪽 구멍이 뚫린 돌. 낫그로브에서 발견되었다.
위 오른쪽 끌로 사용한 이빨. 낫그로브에서 발견되었다.
아래 윌트셔Wiltshire의 웨스트켄트West Kent에 있는 긴 고분의 한 무덤방 안에서 발견된 유골들.

3. 금속의 등장

- 구리 시대(기원전 1600년~1400년)
- 청동기 시대(기원전 1400년~500년)
- 철기 시대(기원전 500년~기원후 43년)

구리 시대

금과 구리 찾기

농업과 마찬가지로 금속으로 도구와 장식품을 만들 수 있다는 사실을 먼저 알아차린 곳은 유럽이 아니라 서아시아다. 밝은 빛이 나며 망치질로 쉽게 형태를 잡을 수 있다는 점 때문에 가장 먼저 사용한 금속은 금이다. 금은 바위를 통과하는 얇은 지층地層 속에서 발견되는데, 바람과 비와 서리에 바위가 조금씩 잘게 부서지고 나면 물에 씻겨 시냇물로 흘러가다가 발견된다. 금은 매우 무거워 큰 조각들은 멀리 이동하지 못하므로 강바닥에 있는 자갈과 모래 알갱이 속에 가라앉는다.

금을 모래와 자갈에서 나무 그릇으로 일거나 골라내는 방법은 매우 단순하다. 금이 든 모래를 퍼 올려 평평하고 속이 빈 나무 그릇에 물과 함께 담는다. 그런 다음에 돌려서 물이 소용돌이치게 하면서 나무 그릇의 가장자리를 기울여 가벼운 모래가 넘치도록 나무 그릇을 흔든다. 그러면 나무 그릇의 바닥에는 무거운 금 조각이 남는다. 이런 식으로 금을 충분히 모으면 금속을 만드는 사람이 금 조각을 망치로 두드려 합쳐서 작은 장신구를 만든다.

물론 모든 강의 계곡에서 금이 나오지는 않는다. 브리튼에서도 극히 소수 지역 — 주로 콘월Cornwall, 웨일스Wales, 스코틀랜드Scotland, 아일랜드Ireland — 에서만 금이 발견되었다. 하지만 금을 찾아내거나 형태를 잡을 줄 아는 세공 기술자가 찾아올 만큼 양은 충분했다.

귀걸이와 목걸이 같은 금 장신구는 금속을 두드려서 얇은 판으로 만든 다음 모양을 잡아가며 다듬는다. 금은 연해서 돌이나 뼈, 부싯돌 도구를 가지고도 충분히 다듬을 수 있다.

거의 같은 시기에 서유럽 사람들이 사용할 줄 알게 된 두 번째 금속은 구리다. 구리는 온전한 하나의 금속 형태로 발견되는 일이 거의 없다. 구리는 흔히 청석靑石, blue stone과 녹암綠岩, green stone의 형상으로 다른 물질들과 결합된 채로 발견된다. 이 암석을 아주 뜨거운 불로 가열하면 구리가 추출된다. 녹인 구리를 움푹 파놓은 돌로 흘려보낸 뒤 식혀서 고체로 굳힌다. 그러고 나서 거친 구리를 망치로 두드려 최종적으로 매끄럽게 다듬어 칼이나 도끼나 간단한 도구의 형체로 만든다.

구리 도구는 잘 만든 돌이나 부싯돌 도구보다 좋기는 하지만, 제작하는 데 품이 많이 들기 때문에 부족장만 가질 수 있었다. 규모가 크지 않은 부족은 여전히 돌 도구를 사용해야 했고, 족장이 금으로 자신을 치장하더라도 평범한 사람들은 뼈나 돌로 만든 구슬을 쓸 뿐이었다.

그림을 보면 늙은 남자가 산 개울의 바닥에서 모래를 퍼 올려 나무 그릇에 담아 빙빙 돌리고 있다. 젊은 남자는 옆에서 가끔씩 모래와 물을 붓고 있다. 조만간 충분한 금을 나무 그릇의 바닥에 모을 수 있을 것이다.

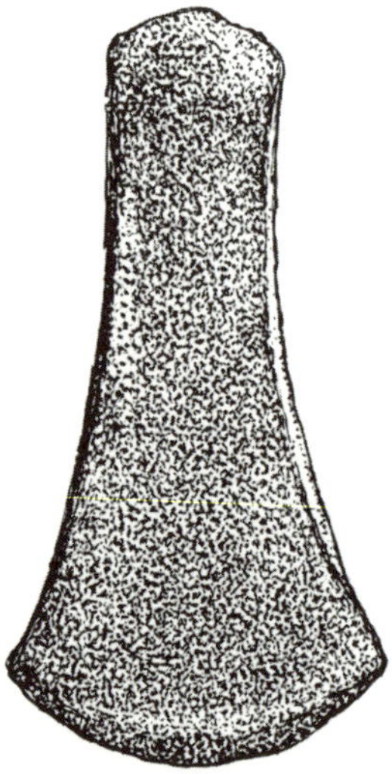

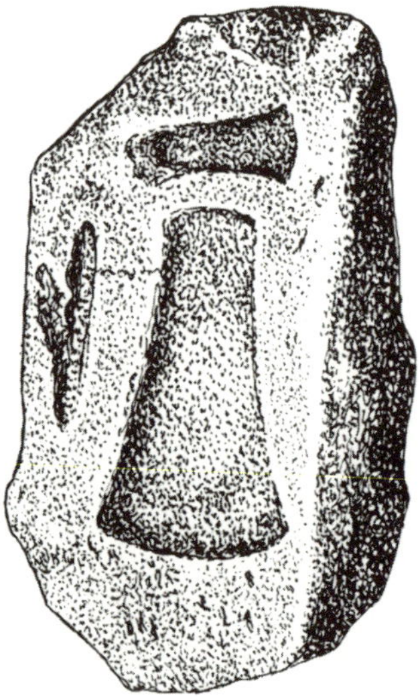

위 서덜랜드Sutherland의 미그데일Migdale에서 발견된 구리 도끼. 오른쪽 돌 거푸집을 이용해 만들었다. 더프타운Dufftown에서 발견된 거푸집은 평평한 구리 도끼를 만들기 위한 것이다.
왼쪽 도체스터Dorchester에서 발견된 음료수 컵 또는 굽 달린 큰 컵. 이런 종류의 컵은 대개 생김새가 종을 거꾸로 뒤집은 것 같다.

두 남자가 나무 그릇으로 금을 가려내고 있다. 콘월의 로어Lor.

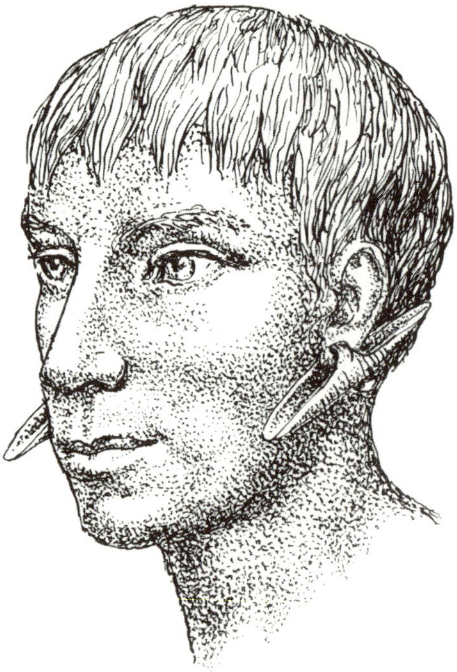

오른쪽 한 젊은 남자의 무덤에서 발굴된 바구니 모양의 귀걸이.
아래 금으로 만든 목걸이. 구리나 부싯돌로 만든 도구로 찍어서 장식했을 것이다. 아일랜드의 케리Co. Kerry에서 발굴되었다.

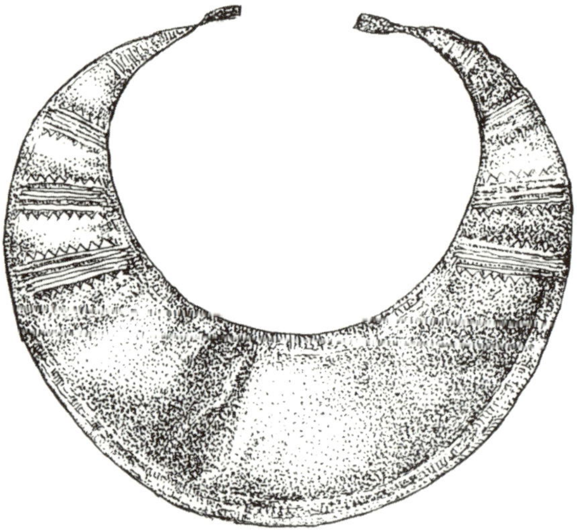

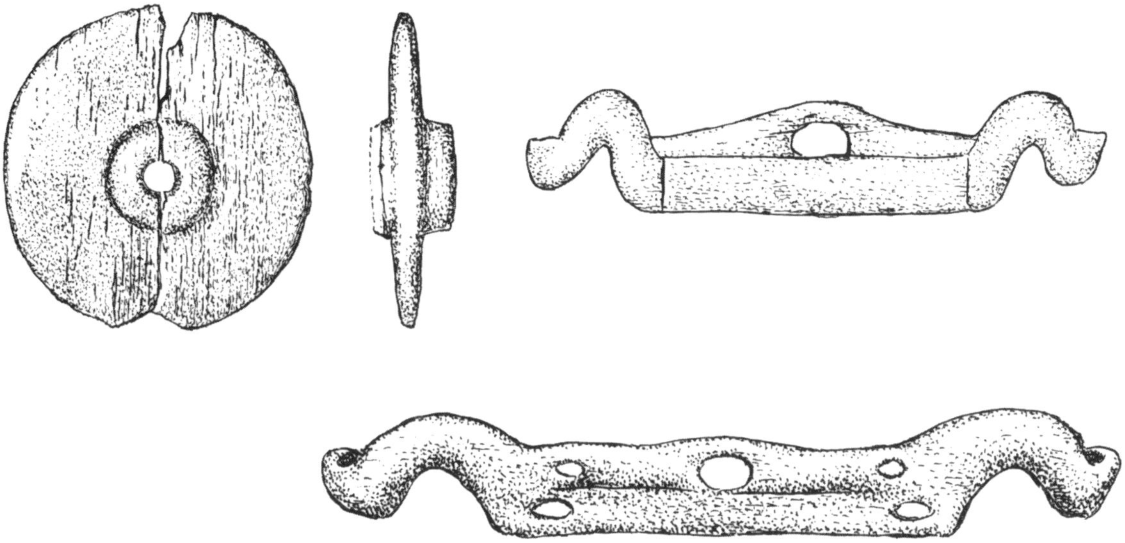

위 왼쪽의 것은 나무 한 덩이로 만든 수레바퀴. 네덜란드의 토탄 습지대에서 발굴되었다. 오른쪽의 것은 아일랜드의 토탄 습지대에서 발굴된 나무로 만든 소 멍에. 연대가 확실하지 않지만 오늘날 터키에서 사용하는 멍에와 매우 비슷하다. 아래의 것은 아일랜드에서 발견된 말 멍에.

아래 나무로 만든 마차용 도로. 서머싯Somerset 글래스턴베리Glastonbury 근교에 있는데 당시 모습 그대로일 것이다. 도로에 쓰인 많은 나무가 훗날 물에 잠겨 토탄 습지 속에서 보존되었다.

구리 시대

수레와 침략자

이 당시에 새로운 무언가가 브리튼의 해안에 이르렀다. 최근 고고학자들은 서머싯Somerset 습지를 가로지르는 나무 도로를 발굴했다. 이 도로는 가장 오래된 구리 도구와 거의 같은 시기의 것이다. 이 최초의 도로는 통나무와 잘라낸 곁가지로 기둥과 말뚝을 적절히 세우고 폭을 넓게 만든 것으로 보아 수레가 지나갈 수 있도록 설계했음이 틀림없다. 불행하게도 이 초기 수레의 유물은 브리튼에서는 아직 발견되지 않았다. 그렇지만 네덜란드에서는 단단한 떡갈나무oak 단 한 그루를 베어서 만든 같은 시기의 수레바퀴가 토탄土炭 습지 속에서 잘 보전된 상태로 여러 개 발견되었다.

물론 이 도로를 다녔던 수레가 어떻게 생겼는지 전혀 확신할 수 없지만, 최초의 수레는 다른 물건들처럼 서아시아에서 처음 만들었다. 유럽의 몇몇 지방에서는 진흙으로 만든 장난감 수레가 소 모형과 함께 발견되고 있다.

따라서 우리는 수레의 모양새를 어느 정도 짐작할 수 있게 되었다. 수레는 나무 하나로 만든 멍에를 쓴 소 두 마리가 끌었다. 이 멍에의 중간에 장대 하나가 접착되었고, 양 끝은 수레에 고정되었다. 수레 그 자체는 나무로 간단하게 만들었으며 평평한 바닥에 한 쌍의 차축車軸이 있고 그 축을 중심으로 수레바퀴 네 개가 돈다. 그리고 수레 옆면의 평평한 바닥에 파놓은 구멍 속에 말뚝을 박아 넣었다.

비록 느리고 어색해 보이기는 하지만 소가 끄는 짐수레 덕분에 무거운 짐을 쉽게 옮기고, 온 가족이 짐을 꾸려서 어디든지 다닐 수 있었다. 실제로 새로운 사람들이 브리튼에 온 시기에 금속과 수레가 브리튼에 처음으로 나타났다. 이들은 초기 농사꾼들보다 훨씬 많이 돌아다녔던 것 같다. 이들은 대규모의 양 떼와 소 떼를 데리고 신선한 목초지를 찾아 끊임없이 이동해야 했기 때문이다.

고고학자들은 이 침입자들을 비커Beaker족으로 지명했다. 이들에게는 독특하게 생긴 잔과 함께 매장하는 풍습이 있었기 때문이다. 이들은 흔히 칼, 돌머리 달린 도끼 그리고 활, 화살과 함께 묻혔다. 그래서 이들이 초기 농사꾼과는 뚜렷이 다르게 상당히 호전적인 종족이었다고 추측할 수 있다. 실제 이들은 브리튼은 물론 중앙과 서유럽의 넓은 지역을 침략했다. 처음에는 이 침략자들이 농사꾼들의 토지를 많이 훔쳐 사람들이 놀랐다. 그렇지만 시간이 지남에 따라 침입자와 이전부터 살아온 거주자가 혼인하고 오래된 지식과 새로운 지식이 한데 융합해 새로우면서도 아주 색다른 생활양식이 만들어졌다.

그림의 소 두 마리가 끄는 수레는 유럽의 다른 지역에서 발견된 모형들과 터키에서 오늘날에도 여전히 사용하고 있는 수레에 바탕을 둔 것이다. 무장한 침입자들이 작은 언덕의 정상을 넘어오고 있다.

비커족이 무장한 채 침입하고 있다. 서머싯 평원.

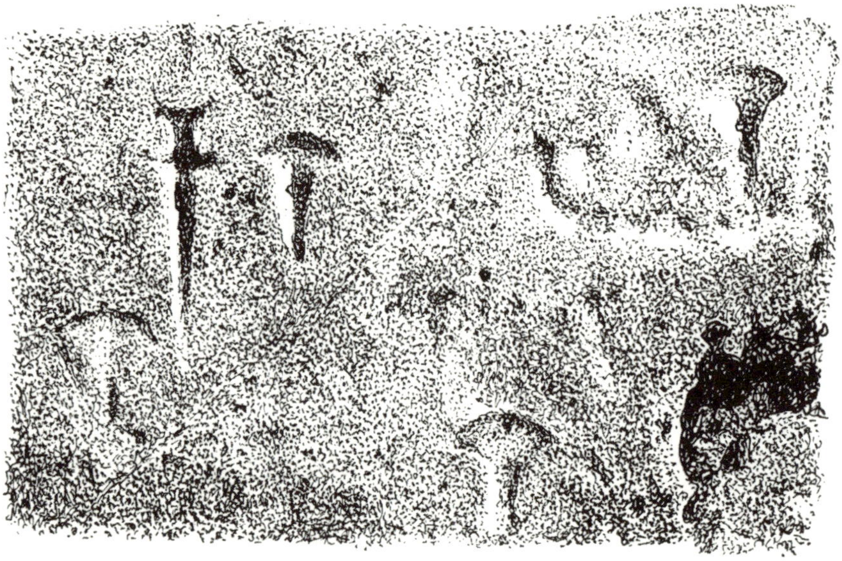

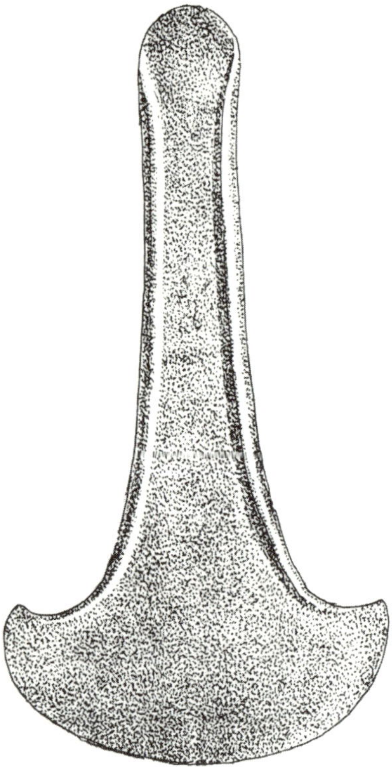

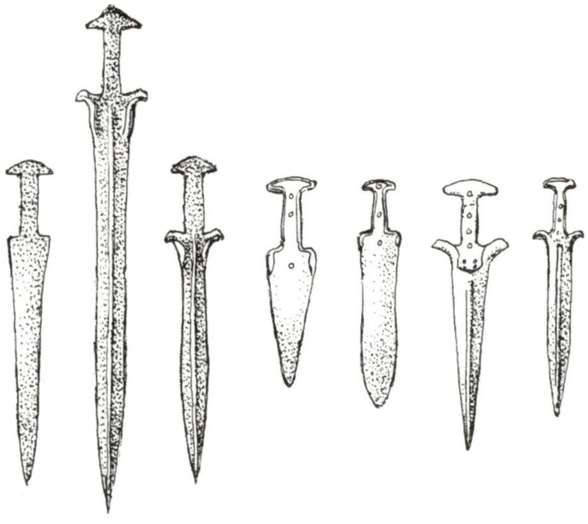

위 스톤헨지 거석 하나의 표면에 새겨진 도끼와 청동 단검.
아래 왼쪽 윌트셔Wiltshire의 에러턴다운Arreton Down에서 발굴된 도끼. 위의 조각과 똑같이 생겼다.
아래 오른쪽 크레타섬에서 발굴된 칼과 단검. 스톤헨지에서 발견된 조각들과 매우 비슷하다.

구리 시대

스톤헨지

솔즈베리Salisbury 평원 중앙에 세워진 스톤헨지stonehenge는 지금까지 초기의 사람들이 세운 건축물 중에서 매우 색다르다. 이곳은 태양을 숭배하는 이들이 세운 신전*일 것이다. 또한 브리튼에 똑바로 세운 돌로 원형을 이루는 거의 같은 시기의 것이 있지만, 스톤헨지에는 아주 독특한 점이 두 가지 있다.

첫째, 돌은 보통 그 지방에서 얻게 마련인데, 비교적 작은 돌은 근처에서 구했겠지만 스톤헨지의 경우에는 무게가 수십 톤에 달하는 돌을 사우스웨일스South Wales의 산악 지대에서 오늘날 잉글랜드의 중앙으로 옮긴 것이다. 이것은 그 자체로 엄청난 업적이다. 썰매로 거대한 바위 덩어리를 웨일스의 남쪽 해안가까지 옮겨오고 거기에서 거룻배에 실어서 세번강어귀Severn Estuary까지 가지고 왔다. 에이번Avon의 브리스틀Bristol에서 이 돌들을 강에서는 뗏목으로, 땅에서는 썰매로 현재 위치까지 옮겼다.

둘째, 다른 곳의 돌은 다듬지 않았지만, 스톤헨지에는 거대한 돌 위에 다시 고리 모양으로 균형을 잡아서 다듬은 직사각형의 돌을 뚜껑처럼 얹었다는 점이다. 더군다나 세워놓은 돌의 꼭대기에 둥근 꼭지 두 개를 만들고, 뚜껑처럼 덮는 돌에는 컵 모양으로 구멍을 파서 서로 맞물리도록 손질했다. 그리고 각각의 뚜껑돌이 약간 굽어서 거대한 원형을 이루도록 최종적으로 다듬었다.

틀림없이 기둥을 세울 때는 땅속에 구멍을 파고 세울 돌의 맨 끝을 구멍에 비스듬히 갖다 대고 나서 긴 나무로 만든 기둥을 지렛대를 사용해 돌을 일으켜 세워서 중력에 의해 구멍 속으로 미끄러져 들어가도록 했을 것이다.

뚜껑돌(또는 상인방돌)을 꼭대기에 걸쳐놓을 때는 뚜껑돌 밑에 나무 쐐기를 밀어 넣으면서 지렛대로 돌의 한쪽 끝을 들어 올린 뒤 다른 쪽 끝을 들어 올렸을 것이다. 통나무를 계속 쌓으면서 이 작업을 반복하다가 높이가 충분해지면 뚜껑돌을 얹는다.

브리튼의 초기 사람들이 외부의 도움 없이 이 엄청난 토목공사를 달성해냈다고는 믿기 어렵다. 이런 공사를 해본 사람이 감독하지 않았을까? 사소하지만 중요한 단서가 있다.

똑바로 세운 돌 가운데는 표면에 여러 가지 윤곽선을 새긴 돌이 있다. 대부분 간단한 금속 도끼의 모양새를 하고 있지만, 그 가운데 단검 모양이 있다. 이 단검 모양은 당시까지 브리

* 옮긴이 주 : '고대 왕가의 무덤'이라는 설과 '병을 치료하기 위한 사원'이었다는 학설이 최근에 새로 나왔다.

튼에서는 알려지지 않았지만, 이 시기 크레타섬에서는 흔했다. 게다가 크레타섬 사람들은 모험을 좋아하는 뱃사람이어서 금속을 찾으려고 지중해 여기저기를 들쑤시며 여행했을 뿐 아니라 이들은 거대한 돌을 다듬어 자신들의 섬에 무덤과 신전을 세웠다. 몇 가지 정황으로 보아 초기의 이 모험적인 상인 중 누군가가 스톤헨지의 건립에 이바지했다고 충분히 추측할 수 있다.

그림을 보면 앞쪽에 보이는 사람들은 앞서 설명한 것처럼 굽은 뚜껑돌 중 하나를 들어 올리고 있으며, 머지않아 똑바로 세운 돌 위에 얹을 것이다. 그 뒤로 보이는 사람들이 두 번째 뚜껑돌을 들어 올리고 있다.

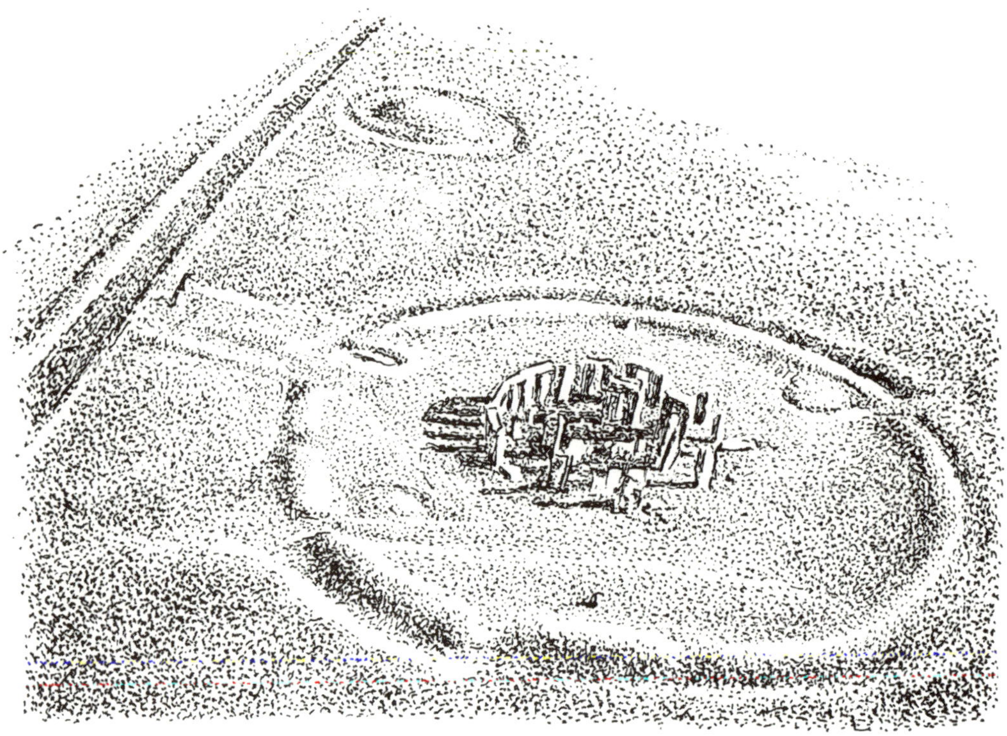

오늘날 항공기에서 본 스톤헨지. 건축물 주위에 거대한 둔덕과 도랑이 있다. 뒤편에는 둥근 무덤이 있다.

많은 사람이 스톤헨지를 건설하고 있다. 청동기 시대의 윌트셔Wiltshire.

구리 시대

둥근 무덤

침략자인 비커족은 초기 농사꾼들에게 매장埋葬에 대한 다른 관념을 심어주었다. 그들은 긴 무덤 밑에 시신을 뉘어놓는 방을 따로 만들지 않고, 땅속에 시신을 묻고 봉긋하게 흙을 쌓았다.

초기 농사꾼들은 좀처럼 재화를 같이 묻지 않았지만, 비커족은 저세상에서도 쓸 만한 물건이라고 생각한 것을 같이 묻었다. 머지않아 이런 매장 방법이 널리 퍼졌다. 시신과 함께 묻은 물건을 보고 그때의 사람들이 어떻게 살았는지 오늘날 판단할 수 있으니 다행이다.

브리튼 서쪽의 사람들은 유럽에 있는 자신들의 편과 접촉하거나 지중해에서 건너온 교역자를 통해 세 번째 금속인 주석을 어떻게 찾아내고 사용하는지 배웠다. 주석 그 자체는 그리 중요하지 않다. 하지만 주석을 작은 분량(대략 1/10 정도)이라도 구리와 녹여서 섞으면 구리보다도 훨씬 단단하고 더 좋은 도구와 무기를 만들 수 있다는 사실을 발견했다. 브리튼에도 청동기 시대가 열린 것이다.

무덤에는 지방의 장인匠人들이 제작한 동검銅劍은 물론이고 때때로 금 장신구도 함께 넣었다. 그렇지만 금으로 만든 것 가운데는 지방의 금속 세공장細工匠이 만들었다고는 믿기 어려울 만큼 완성도가 높은 것이 있다. 따라서 영국해협을 가로질러서 왔다거나 지중해에서 온 사람들과 교역해서 얻었다고 보는 편이 옳겠다.

이 무덤들에서 발견한 장신구 가운데는 이집트나 지중해 동부 해안가에서 만든 것이 있다. 파란색 도자기Blue China처럼 보이고 파양스faience라고 하는 물질로 만든 작은 구슬들은 틀림없이 이 지역에서 가지고 온 것이다. 구슬은 대략 2.5센티미터의 길이에 원통형이고, 겉에는 적당한 사이를 두고 홈이 깊이 파여 있다. 어쩌면 초기의 상인들이 멀리서 구슬을 가지고 와서 구리나 주석과 바꾸어 갔는지도 모를 일이다.

둥근 무덤에서는 호박琥珀으로 만든 구슬도 흔히 발견된다. 시신과 함께 호박으로 만든 기대한 물건을 함께 묻은 경우도 한 번 있었다. 이때 손잡이가 달린 컵도 함께 발굴되었는데 오늘날 이 재료는 북유럽의 나라들에서만 발견된다. 그 당시 브리튼 사람들이 동남쪽 아주 먼 곳에서 온 사람들뿐 아니라 북유럽의 이웃들과도 교역했음이 분명하다.

그림을 보면 뒤편으로 둥근 무덤 몇 기가 있다. 이 무덤 가운데 긴 언덕 양식의 초기 무덤이 있다. 앞쪽에는 한 무리의 조객弔客이 족장을 묻고 있다. 얕은 나무로 만든 관에 시신을 눕히고 머리맡에 나무로 만든 방패를 두었다. 두 남자가 무덤 속에 단검과 권력의 상징물인 권표權標를 각각 하나씩 넣고 있다. 그러고 나서 흙으로 덮어 둥근 무덤을 만들 것이다.

두 남자가 무덤 속에 단검과 권표를 넣고 있다. 조객들은 이 모습을 바라보고 있다. 윌트셔Wiltshire의 스톤헨지Stonehenge, 부시 바로우Bush Barrow.

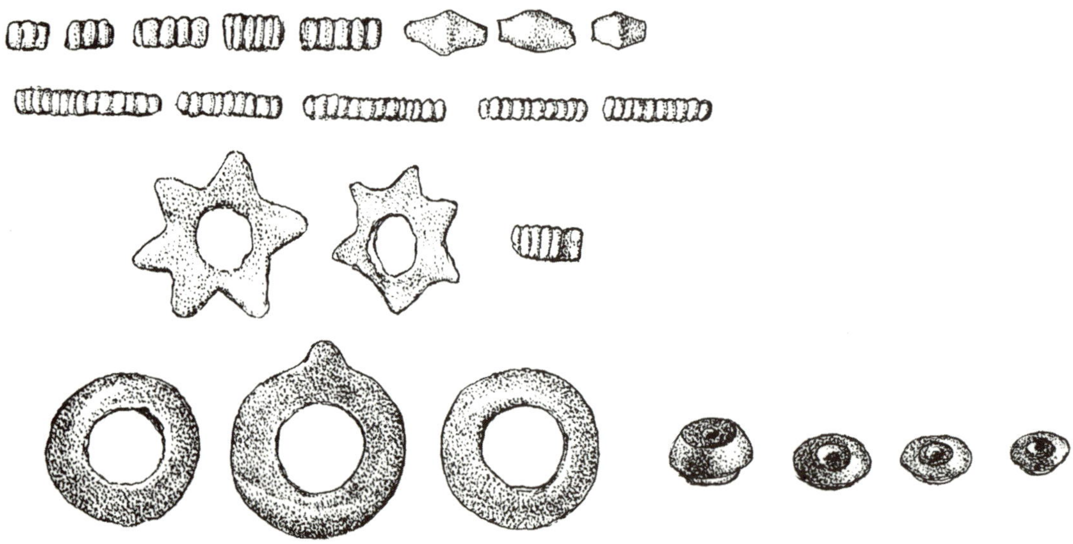

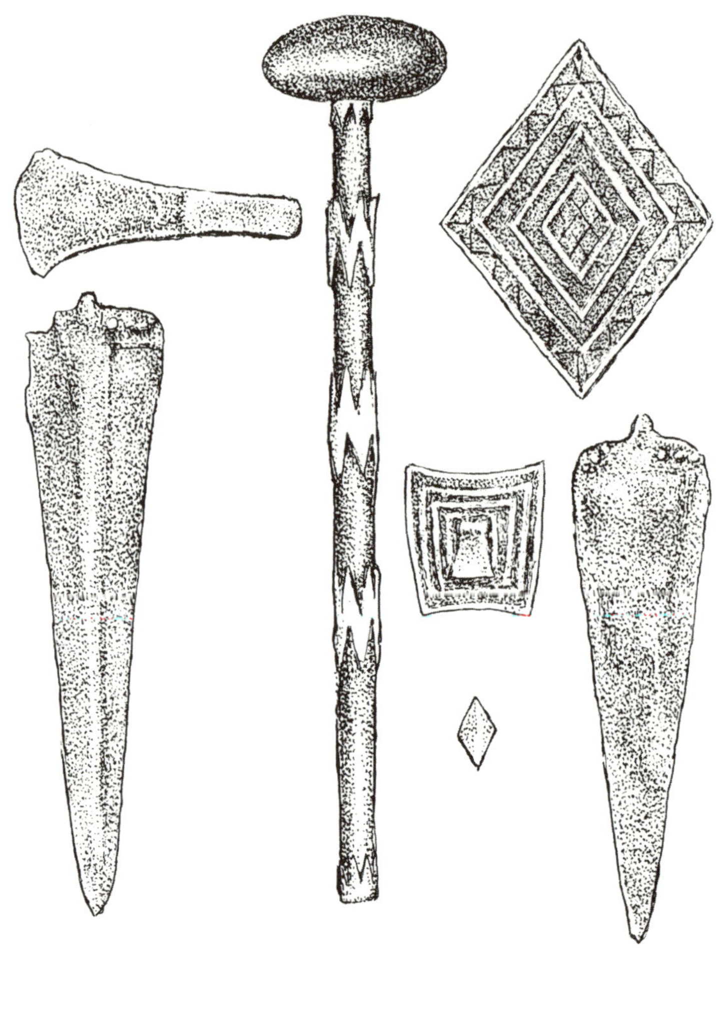

위 블루 파양스로 만든 다양한 형태의 구슬. 몇몇은 시리아와 이집트에서 발견된 것이고, 나머지는 브리튼의 매장터에서 발견되었는데 서로 비슷하다. 오른쪽 호박 구슬들은 서머싯Somerset에 있는 한 매장터에서 발견되었다. 호박은 아마도 덴마크 지역과 교역하면서 들어왔을 것이다.
오른쪽 청동으로 만든 단검 날과 도끼. 뼈로 장식된 손잡이 달린 돌 권표. 금 장신구 세 개. 윌트셔의 부시 바로우에서 발견되었다.

청동기 시대

마을

최초의 금속 세공인들이 도착한 뒤로 천 년 동안 브리튼 사람들은 대륙에서 새로운 지식을 서서히 받아들였다. 최초의 농사꾼들이 워낙 띄엄띄엄 오두막을 짓고 살아서 언뜻 보아서는 마을이 따로 없는 듯하다. 우리는 청동기 시대부터 무리를 지어 살던 작은 집단들이 남긴 흔적을 발견하게 된다. 앞선 시기의 오두막과는 달리 위에서 보면 둥근 모양을 하고 있으며, 기둥을 수직으로 땅속에 세우고 기둥과 기둥을 막대기로 연결했다. 건물의 지붕은 아마도 짚으로 덮었을 것이다.

나무가 남아 있는 곳은 없지만 기둥이 서 있던 곳의 흔적은 발견할 수 있다. 기둥을 튼튼하게 세우려고 땅속 깊이 구멍을 팠기 때문이다. 나무가 서서히 썩으면서 구멍으로 흙이 들어가다가 건물이 무너지면 구멍에 겉흙이 찬다. 그래서 고고학자들이 오두막이 세워졌던 곳을 발굴하다가 흙이 차 있는 오목한 곳을 발견한다. 이 구멍들의 위치를 따져보면 건물의 평면도를 알 수 있다.

마을의 집집마다 혹은 몇몇 집들이 함께 집 주위 적당한 곳에 울타리를 쳐서 뜰이나 마당을 마련해두고 어린 동물들을 길렀다. 몇몇 건물은 틀림없이 창고나 작업장이나 외양간으로 썼을 것이다. 오두막은 쓰임새가 여러 가지라서 실제 사람이 사는 집은 오두막들의 절반도 되지 않았다. 따라서 마을의 구성원은 대가족 하나의 식구뿐이었을 만큼 매우 적었다.

마을 경작지 너머로 있었던, 예컨대 제방이나 도랑 같은 경계는 아직도 어렵지 않게 볼 수 있다. 비록 어떤 종류의 쟁기도 발견된 적이 없지만, 이 당시의 사람들은 쟁기로 무덤을 팠을 것이다. 발견된 밭고랑의 흔적을 보면 손으로 끄는 쟁기로만 밭을 일구었다.

청동기 시대에 보리는 매우 중요한 작물이어서 썩지 않도록 땅을 파서 깊은 구덩이 속에 넣어두었다. 그러고 나서 바구니를 이 구덩이 안쪽으로 붙이고 밀집과 흙으로 만든 얇은 판을 덮었다. 저장 구덩이들이 고고학자들에 의해 발견되면서 덩달아 구덩이 안에 남아 있던 약간의 곡물도 심심찮게 발견된다.

때때로 이 저장 구덩이에 곰팡이가 피면 틀림없이 쓰레기 버리는 곳으로서 사용했을 것이다. 그래서 구덩이 안에서는 종종 고기의 뼈뿐 아니라 망그러진 도구나 토기가 발견된다. 여기서 발견된 유물을 보고 우리는 사람들이 그때 어떻게 살았는지 알 수 있다.

그림을 보면 보리밭으로 둘러싸인 작은 초가 마을이 있다. 사우스다운스South Downs 골짜기의 네스틀링nestling이 이렇다. 집 주위에 울타리를 쳤다. 양치기가 개와 함께 뿔 달린 작은 양을 지키고 있다.

오른쪽 서식스Sussex의 잇폴드힐Itfold Hill의 저장 구덩이에서 발견된 청동기 시대의 보리 이삭. 어느 정도 까맣게 탔기 때문에 오늘날까지 보존되었다.
아래 잇폴드힐에서 발견된 오두막의 터를 보고 재구성한 것이다. 고고학자들이 집을 짓기 위해 기둥을 세울 구멍 열 개를 똑같이 내었다. 집의 구조는 오늘날에도 일부 지역에서 볼 수 있는 원시적인 오두막을 참고했다.

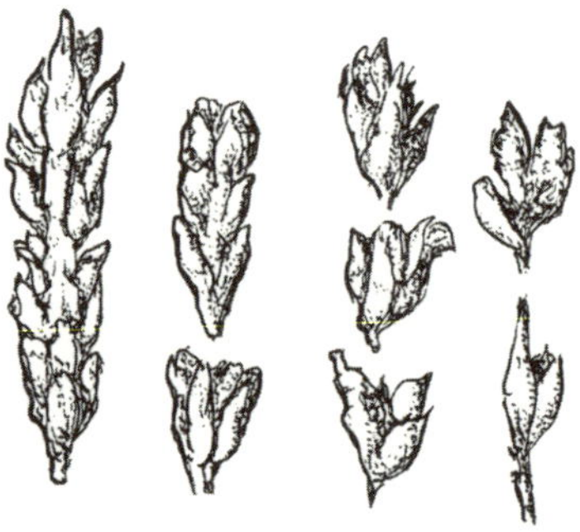

양치기가 피리를 불며 양을 지키고 있다. 뒤편에 보이는 집 주위에는 울타리가 쳐 있다. 서식스의 잇폴드힐.

청동기 시대

청동 대장장이들

이 시기에 점차 도구와 무기를 만드는 데 청동이 널리 쓰이기 시작했다. 청동을 만드는 재료인 구리와 주석이 아일랜드, 스코틀랜드 그리고 브리튼 서쪽의 산악 지대에서 점점 많이 들어왔던 것이다. 이렇게 새로 청동을 만드는 한편, 닳고 부서진 옛 도구를 녹여서 새 도구를 만들기도 했다.

금속 조각을 모으는 일은 매우 조직화된 사업이었던 것 같다. 여기저기 돌아다녀야 하는 상인들에게 금속은 가지고 다니기가 너무 무겁기 때문에 상인들은 어느 정도 금속을 모아 새로운 도구를 만들기 전까지 은밀한 곳에 감춰두었다. 이것저것 잡동사니를 모아놓은 이런 곳이 발견되어 청동기 시대에 대장장이들이 어떻게 물건을 만들었는지 알려졌다.

우선 묵직한 돌로 금속 조각을 다시 부수어 속이 깊은 흙 단지에 넣는다. 그러고 나서 벌겋게 달아오른 불로 단지를 가열하여 청동을 녹인다.

청동 대장장이들은 미리 도구의 모양을 본뜬 거푸집을 준비해둔다. 흙이나 돌 또는 청동으로 만들어놓은 거푸집의 밑을 조금 묻고 똑바로 세워 가열한다. 그러고 나서 대장장이들은 적당히 구부린 막대기를 이용해 단지 속에 담긴 액체 상태의 금속을 재빨리 거푸집 속에 쏟아 붓는다.

금속이 식어서 굳으면 차가워진 거푸집을 열어서 새로운 청동 도구를 꺼낸 뒤 사암砂岩으로 문지른다. 가장자리가 날카로워야 하는 칼날이나 도끼는 망치질해서 다듬었을 것이다.

몇몇 물건들은 망치질해서 얇은 금속 조각을 한층 더 얇은 판으로 만들었으며, 더 나아가 구부리거나 다듬어서 형체를 만들었다. 나무로 만든 모루 위에서 이 모든 작업을 했다. 형체를 만들기 위해 돌을 망치로 사용했으며, 단단한 나무나 뼈로 만든 도구로 구멍을 뚫거나 형태를 잡았다.

그림을 보면 불 옆에서 무릎을 꿇고 있는 소년이 가죽 풀무 한 쌍으로 불이 벌겋게 되도록 하고 있다. 한 사람은 땅에 묻은 거푸집 속으로 녹인 청동을 쏟아 붓고 있다. 뒤편에서는 두 장인匠人이 청동 방패를 모루 위에서 망치질하고 뼈로 만든 도구로 무늬를 새기고 있다.

대장장이들이 청동 도구를 만들고 있다. 요크셔Yorkshire와 서식스Sussex의 전형적인 모습.

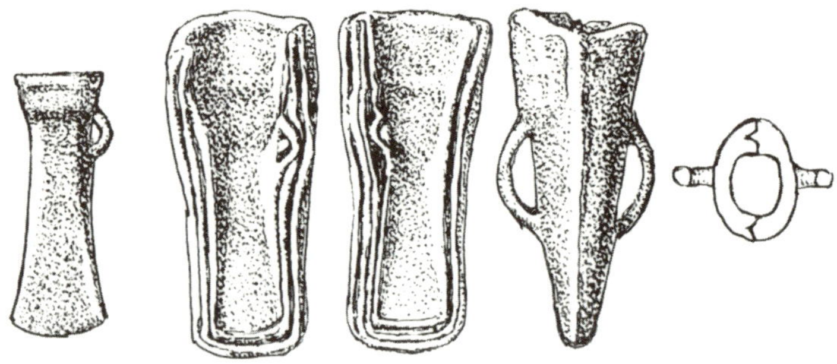

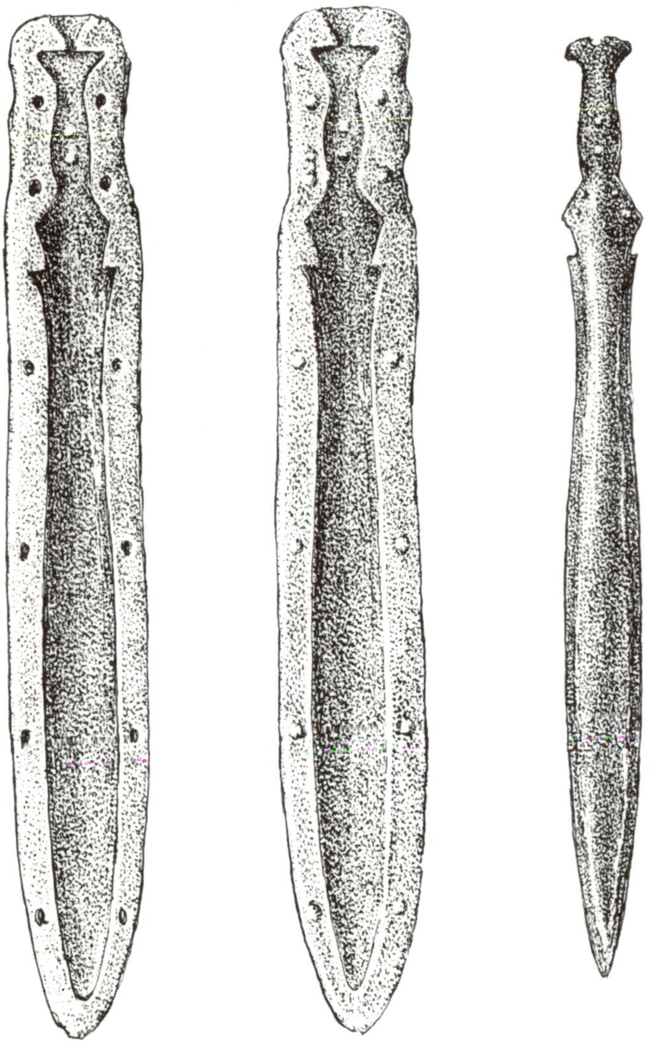

위 청동으로 만든 거푸집. 서식스의 윌밍턴Wilmington에서 발견되었다. 맨 오른쪽은 주조하기 위해 조립해놓은 것이다. 고리로 두 틀을 단단히 묶었을 것이나. 왼쪽의 것은 거푸집으로 만든 도끼.
왼쪽 칼을 주조할 때 쓰는 거푸집을 점토로 다시 만들어본 것이다. 요크셔의 핌버Fimber에서 발굴된 것을 보고 본떴다. 녹인 금속을 쏟아 부을 수 있도록 거푸집 꼭대기의 깔때기 모양과 구멍으로 두 틀을 정밀하게 맞물리도록 만들었다. 오른쪽의 것은 브렌트퍼드Brentford의 템스강River Thames에서 발견된 검. 이것도 거푸집으로 만들었다.

위 왼쪽 청동 방패. 케임브리지셔Cambridgeshire의 코베니 펜Coveney Fen에서 발견되었다.
위 가운데 청동 창끝. 아마도 양물푸레나무로 만든 나무 자루를 끼웠을 것이다. 메리오네스셔Merionethshire의 맨러그Maentwrog에서 발견되었다.
위 오른쪽 청동 검. 원래 나무나 뼈 자루가 있었을 텐데 지금은 썩고 없다. 리치먼드Richmond 템스강에서 발견되었다.
아래 커다란 청동 솥. 가득 채우면 약 36리터쯤 들어간다. 아일랜드Ireland의 카운티 티론County Tyrone에서 발견되었다.

청동기 시대

전사와 무기

청동기 시대에 브리튼에서 도구가 많이 개발되기도 하고, 유럽대륙에서 새로운 것이 들어오기도 했다. 가장 흔한 것은 갈래가 진 나뭇가지를 꽂을 수 있는 구멍 파인 도끼다. 그 밖에 긴 나뭇가지를 달아서 손잡이로 쓰는 도끼도 있었다. 이 도끼에는 금속으로 된 작은 고리가 달려 있어서 손잡이와 단단하게 고정이 된다. 비록 우리가 그 당시 사람들에 관해 아는 게 별로 없지만, 많은 도끼를 보면 이들이 나무를 베고 조각하는 데 얼마나 많은 시간을 썼는지를 추측할 수 있다. 이들이 이전의 초기 농사꾼들과 똑같은 방식으로 작은 배[canoe]를 만들었지만, 청동 도끼를 사용해서 나무 몸통을 더 쉽고 빠르게 파낼 수 있었다.

그 밖에 끌, 정, 낫, 칼 그리고 심지어 작은 면도칼 같은 청동 도구들이 발견되었다. 물론 청동으로 무기도 많이 만들었다. 야생 동물을 사냥할 때 썼을 창은 매우 흔했으며, 칼이 많았던 것으로 보아 틀림없이 전쟁을 했을 것이다. 발견된 작은 마을들이 실제로 많은 사람이 조용하고 평화로운 삶을 살고 있었음을 보여주기는 하지만, 청동 무기가 있었다는 사실은 어떤 불안감이 있었음을 뜻한다. 아마도 각 지역의 부족장들은 인근 지역 사람들의 물건과 가축을 약탈하곤 했을 것이다.

형편이 괜찮은 전사들은 청동 방패를 지니고 있었지만, 보통 전사들은 쇠가죽으로 만든 방패를 지니고 있었다. 발견된 청동 방패를 보면 금속이 매우 얇은데, 아마도 창과 칼에 대항하는 데는 별로 도움이 되지 못했을 것이다. 하지만 투석기에서 날아오는 활과 돌을 비껴 막을 수는 있었다.

또 전사로 나서던 부유한 부족장은 커다란 청동 솥을 가지고 있었다. 여러 겹의 청동 판을 청동 대갈못으로 망치질해서 만든 청동 솥으로는 많은 양의 스튜[stew]를 끓일 수 있었다. 더러는 지름이 60센티미터 이상의 것도 있었다. 전쟁에서 승리를 거두고 나면 부족장이 청동 솥에 음식을 끓여 추종자들에게 거대한 축제를 벌여 향응을 제공하곤 했을 것이다.

그림을 보면 나무 몸통의 속을 파서 만든 작은 배를 타고 온 전사들이 청동으로 만든 검과 창을 들고 공격에 나서고 있다. 앞서 가는 전사 셋이 든 방패 역시 청동으로 만든 것이다. 여전히 땅보다는 강으로 이동하는 편이 더 빨랐다.

늪과 못이 많은 영국 동부 지역 펜즈Fens에서 전사들이 공격에 나서고 있다.

청동기 시대

천 짜기와 의복

브리튼에서 청동기 시대 이전에 사람들이 어떻게 천을 만들고 옷을 지어 입었는지 별로 알려진 게 없지만, 집의 바닥에서 구멍이 뚫린 무거운 점토 추가 계속 발견되었다. 아주 이따금씩 이런 추들이 가지런하게 열을 지은 채로 발견되었는데, 천을 짜던 베틀의 일부분임이 밝혀졌다. 베틀 중 나무로 만든 부분과 실은 없어졌지만, 그림을 새겨놓은 그리스의 컵을 보고 베틀이 어떻게 작동되었는지를 짐작할 수 있다.

나무로 만든 테두리 위의 높은 가로막대에 달린 실 한 타래에 추를 늘어뜨린 뒤 팽팽하게 유지시킨다. 이 실 한 타래 속으로 얼레로 감싼 다른 실을 이쪽에서 저쪽으로 왔다갔다 보내면서 짠다. 때때로 천이 단단해지도록 이 수평의 실들을 촘촘히 위로 밀어 올려야 했는데, 이때 뼈로 만든 작은 빗을 사용한다. 뼈는 어떤 토양 속에는 나무보다 오래 보존되기 때문에 많은 양의 뼈 빗이 오늘날까지 남아 있는데, 거의 항상 베틀 추 가까이에서 발견되는 점으로 보아 옷감을 짤 때 뼈 빗을 사용했으리라고 확신할 수 있다.

브리튼에서는 옷 조각이 조금밖에 발견되지 않아서 이걸 가지고는 당시의 옷을 알기 어렵다. 하지만 덴마크의 토탄 습지에서 발견된 무덤들 속에서 매우 양호한 상태의 옷이 많이 발견되어 당시 사람들이 어떤 옷을 입었는지 충분히 알 수 있다.

남자는 무릎 위까지 내려오는 튜닉tunic을 허리에서 그러모아 허리띠를 찼다. 여기에다가 어깨 부분에 커다란 청동 핀을 사용해 소매 없는 망토를 걸쳤다. 또 머리에는 둥글고 창이 없는 모자를 썼으며, 매우 수수한 가죽 신발을 신었다.

여자는 소매가 짧고 허리까지 내려오는 작은 윗옷에 무릎 위까지 내려오는 짧은 치마를 몸에 맞게 입었다. 이런 치마는 옷감을 짜서 만들지는 않았으며, 치마 끝에는 무거운 술을 맵시 있게 매달았다.

남자와 여자 모두 옷감은 양털로 짰지만, 어떤 경우에는 사슴의 털을 옷감에 섞었다. 아일랜드에서 발견된 작은 천 조각은 말의 털로 만든 것이다. 이 당시의 옷은 거칠기는 해도 매우 질겼다.

그림을 보면 오두막 안에 나무 베틀이 있다. 꼭대기에 있는 막대기에서 내려뜨린 실타래들을 진흙 추가 팽팽히 당기고 있으며, 짜는 사람이 얼레를 왔다갔다 통과시키고 있다. 옷감을 짜는 여자가 짧은 소매 윗옷과 술이 달린 치마를 입고 있다.

한 여자가 나무 베틀로 천을 짜고 있다.

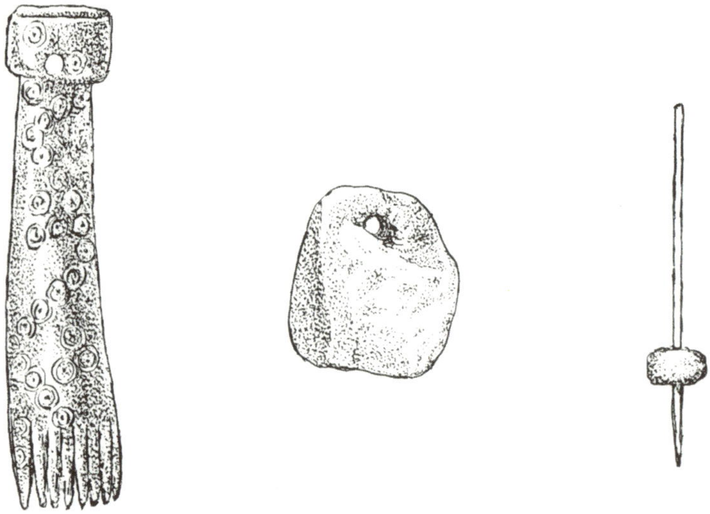

위 천을 짤 때 쓰던 빗. 햄프셔Hampshire의 데인베리Danebury에서 발견되었다. 동물의 뼈로 만들었으며 옷감 짜는 동안 실을 팽팽하게 메워 틀어막았다. 백악토白堊土 베틀 추와 실을 잣는 데 쓰던 물렛가락은 도싯Dorset의 메이든 캐슬Maiden Castle에서 발견되었다.
아래 그리스 화가가 컵에 그린 청동기 시대 그림. 서 있는 여자 뒤로 77쪽 그림과 같은 종류의 베틀이 있다.

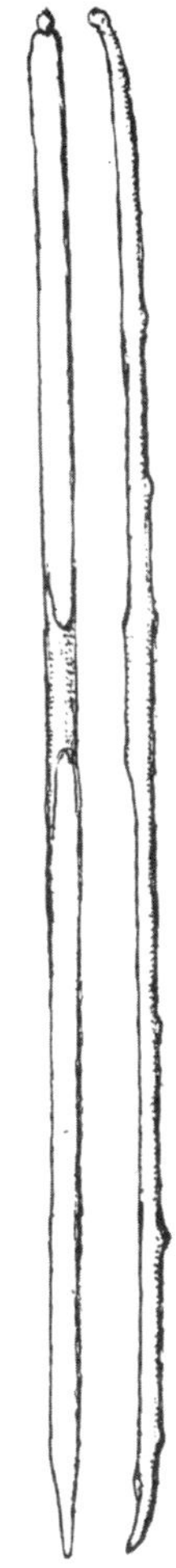

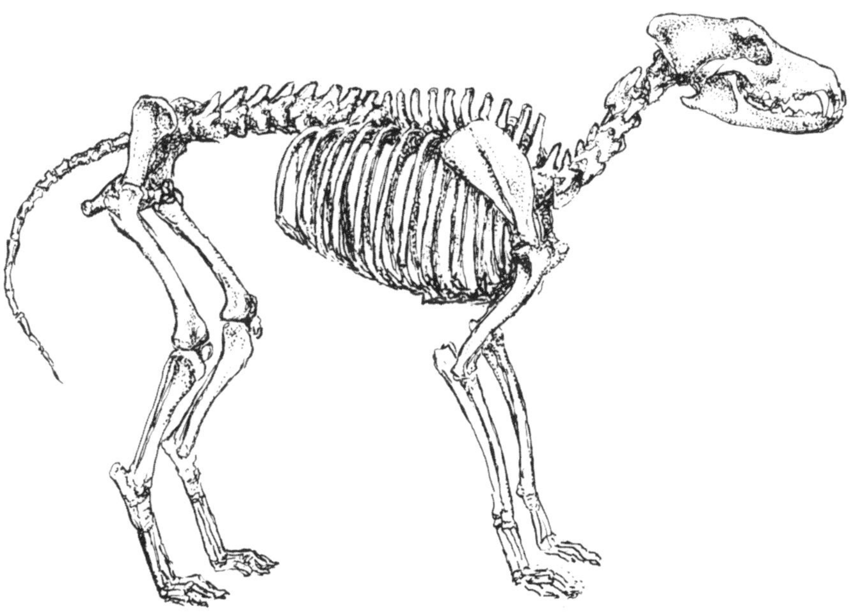

위 청동기 시대에 시신을 화장한 뒤 썼던 납골 항아리. 글로스터셔Gloucestershire의 니더 스웰Nether Swell에서 발굴되었다.

아래 사냥꾼과 함께 윌트Wilt의 스네일다운Snail Down에 묻힌 개의 유골. 그런데 이 유골은 윌트셔Wiltshire의 스네일 윈드밀힐Windmill Hill에서 발굴되었다.

오른쪽 나무로 만든 활. 서머싯Somerset의 에징턴 버틀Edgington Burtle에서 발굴되었다. 유난히 잘 보전된 이 활은 스네일다운에 사냥꾼의 유골과 함께 묻혀 있었다.

청동기 시대

화장과 매장

금속의 시대가 열리면서 시신을 매장하는 새로운 방식이 어떻게 유행하게 되었는지 살펴보았다. 청동기 시대 초기에 다른 방식이 서서히 인기를 얻었던 것이다. 우선 시신을 커다란 화장용火葬用 장작더미 위에 놓고 나서 불을 붙였다. 뼈를 제외하고는 모두 불에 타고, 뼈마저도 부서지기 쉬운 상태가 되었다. 불길이 사그라지고 나면 뼈를 추려서 작은 조각들로 부수었다.

그 다음 적당한 질그릇에 부수어놓은 뼈를 넣었다. 이런 데 쓰는 질그릇은 마을에서 음식재료를 저장할 때 쓰는 그릇과 매우 비슷하지만 장식이 훨씬 정교하다.

유골을 담은 단지는 땅에 묻었는데 그 방식은 매우 다양했다. 단지를 구덩이에 놓고 아담하게 흙무더기를 세우거나 단지를 그냥 땅 위에 놓고 흙무더기를 세우거나 단지를 땅속에 묻고 그 위에 흙무더기를 세우지 않기도 했다. 또 기존의 매장 무덤을 파서 구덩이 속에 단지를 두는 경우도 많았다.

흥미롭게도 단지를 항상 위의 방법대로 묻지는 않았다. 단지가 뒤집어진 채 탄 뼛조각들을 덮고 있는 상태로 발견되는 일도 흔했다.

쓸모 있는 물건을 시신과 함께 매장하는 풍습은 한동안 계속되었다. 그래서 무덤 속에서 개의 유골이나 죽은 사람이 쓰던 화살촉도 발견된다. 그가 위대한 사냥꾼이었다는 점과 내세에서도 사냥개도 데리고 다니고 무기도 쓰라는 뜻에서 함께 묻었음을 짐작할 수 있다.

그림의 장작이 다 타고 완전히 식고 나면 죽은 사냥꾼의 유골을 단지 속에 넣어 앞쪽에 보이는 구덩이 속에 그가 쓰던 활과 화살과 사냥개와 함께 묻을 것이다. 이 무덤은 고고학자들이 윌트셔Wiltshire의 스네일다운Snail Down에서 발굴했다.

두 남자가 둥근 무덤 속에 유골과 함께 매장할 개 한 마리, 사슴뿔, 활을 모으고 있다. 뒤편에서는 화장하고 있다. 윌트셔의 스네일다운.

철기 시대

농업

서유럽에 있는 브리튼과 그 밖의 나라에서 여전히 청동 도구를 사용하는 반면, 서아시아에서는 그보다 더 쓸모 있는 금속인 철을 쓰기 시작했다. 철제 도구들과 무기의 제작 방법이 유럽에 널리 퍼지고, 마침내 이 지식을 습득한 작은 무리의 사람들이 브리튼의 여러 지역에 거주하면서 이곳에서도 새로운 지식이 퍼졌다.

비록 예전처럼 평면도상으로는 여전히 원형이었지만, 이 새로운 거주자들의 집은 청동기 시대 때보다 더욱 견고해졌다. 철제 도끼가 생겨 나무를 베고 작업하기 쉬워지면서 여러 쓰임새의 건물을 적극적으로 만들었다. 마을보다는 오히려 따로 떨어진 농가農家에서 그들이 살았던 흔적을 발견하게 되는데, 농가 주위로는 땅바닥에 나무 기둥을 세워서 울타리를 쳤다.

생김새를 뚜렷이 알 수 있는 튼튼한 쟁기를 사용했다고는 하지만 경작하는 방법에는 별로 변화가 없었다. 덴마크의 토탄 습지에서 잘 보존된 채로 출토된 목제 물건들 속에는 그 당시에 썼던 쟁기가 있었다. 쟁기는 소 한 쌍이 끌었다.

쟁기의 성에*로 쓰이는 나무를 신중히 고른 뒤 곧게 뻗은 나무더라도 아래쪽으로 구부렸다. 쟁기의 성에 끝에 홈을 깊이 파고 여기에 간혹 철로 끝을 씌운 뾰족한 보습을 맞추어 넣었는데, 이것을 끌어당겨서 땅을 일궈 곡물을 심을 수 있는 밭고랑을 만들었다. 쟁기의 성에에 있는 홈에 쐐기를 박아 보습을 고정시켰으며 같은 홈에 손잡이를 끼워 쐐기로 죄었다.

이 쟁기는 앞쪽으로 이동하면서 흙을 뒤집어엎는 오늘날의 것과는 많이 달랐다. 즉 철기 시대 쟁기들은 단지 흙을 따로 밀어제쳐서 밭고랑을 만들었던 것이다. 이런 종류의 쟁기는 비록 조잡해 보이기는 해도 고된 농사일에는 크게 도움이 되었다.

그림은 윌트셔Wiltshire의 리틀 우드베리Little Woodbury에 있는 울타리를 친 농가의 일부분이다. 출입구 너머로 농사꾼이 쟁기질하고, 아내가 마당에 앉아서 곡물을 갈고 있다. 왼손으로는 맷돌 속으로 곡물을 부으면서 다른 손으로는 맷돌을 돌리고 있다. 또 돗자리를 깔아 맷돌에서 떨어지는 고운 가루를 받아내고 있다.

* 옮긴이 주 : 쟁기의 윗머리에서 앞으로 길게 뻗은 나무로, 허리에 구멍이 있고 앞 끝에 물추리막대가 가로 박혀 있어 이것의 두 끝에 봇줄을 매어 소나 사람이 끌도록 되어 있다.

아내가 마당에서 맷돌로 곡식을 갈고 있다. 뒤편에서는 농사꾼이 쟁기질하고 있다. 윌트셔의 리틀 우드베리.

주부에게 맷돌은 대단한 축복이었다. 맷돌 위쪽의 돌을 이제는 앞쪽과 뒤쪽으로 밀지 않고도 고정된 아래쪽의 돌 위에서 돌리면 되었다. 구멍 하나를 위쪽 돌에 뚫어 여기에 나무로 만든 회전용 손잡이를 끼운다. 곡물을 위쪽 돌의 가운데 구멍 속으로 부으면 두 돌 사이의 가장자리로 곡물이 갈려서 쏟아진다.

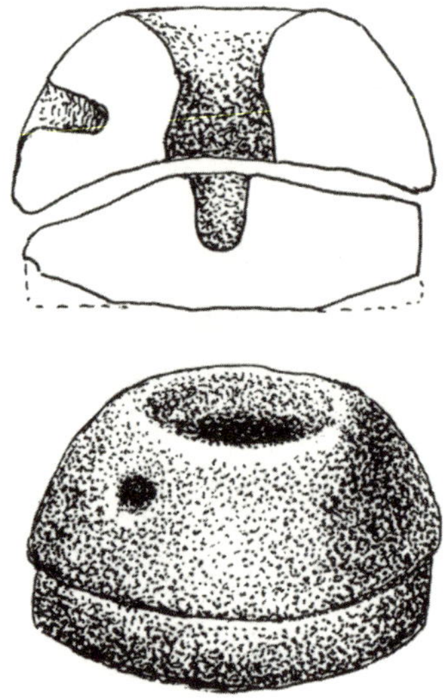

오른쪽 맷돌. 도싯Dorset의 메이든 캐슬Maiden Castle에서 발견되었다. 위쪽의 것은 맷돌의 단면. 아래쪽 돌이 고정되어 있는 상태에서 위쪽에 난 구멍 속에 나무못을 박아 넣고 돌리면 된다. 위쪽 돌의 측면에 있는 구멍은 회전용 손잡이다.
아래 덴마크의 토탄 습지에서 발견된 온전한 목제 쟁기. 오른쪽에 보이는 보습과 손잡이는 구부러진 쟁기 성에의 파인 홈 속에 박혀 있다. 소 멍에의 끈을 지탱할 수 있도록 쟁기 성에의 다른 끝에 난 구멍으로 짧은 나무로 만든 못을 통과시켰을 것이다.

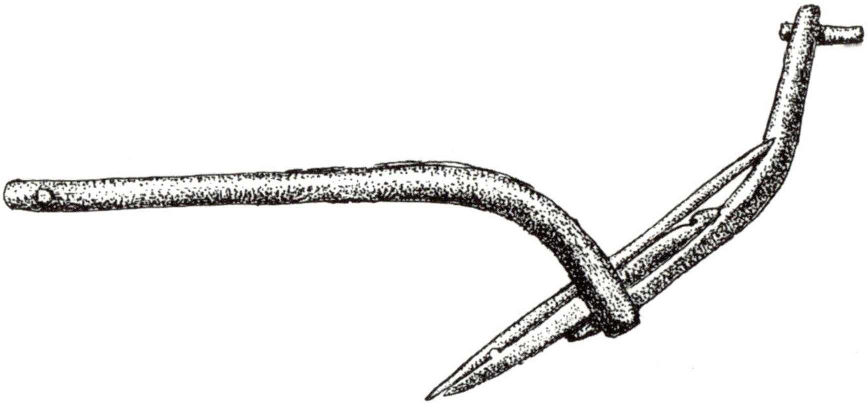

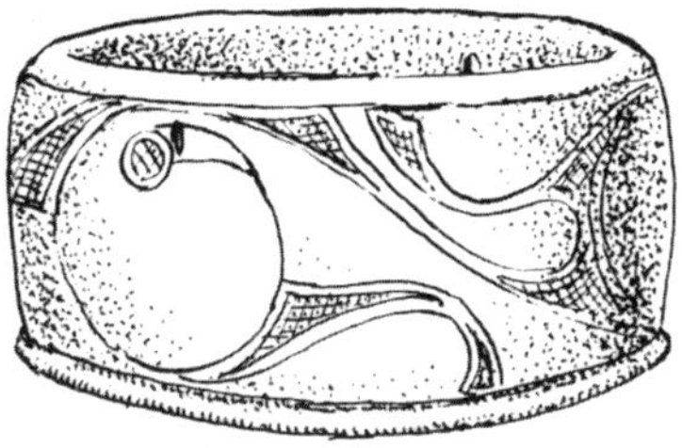

위 철기 시대의 나무 그릇. 서머싯Somerset의 글래스턴베리Glastonbury에서 발견되었다. 돌림판 위에서 만들었으며 나중에 조각을 새겨 장식했다.
아래 철기 시대의 단지. 켄트Kent의 스월링Swarling에서 발견되었다. 앞서 54쪽에서 본 질그릇과 비교해보면 훨씬 정교하고 균형이 잘 잡혀 있다.

철기 시대

도공의 물레와 돌림판

철기 시대에 바퀴를 이용한 발명품 중에서 맷돌만 브리튼에 전해진 건 아니었다. 도공陶工의 물레와 목재 선반공旋盤工의 돌림판도 모두 철기 시대 때 브리튼에 들어왔다. 물레와 돌림판은 주로 나무로 만들었으므로 오늘날까지 전하는 유물이 없지만, 질그릇 종류와 나무를 돌려 깎아 만든 나무 그릇은 더러 남아 있다. 그 형태를 보면 대단히 고르고 규칙적이어서 분명히 물레와 돌림판을 이용해서 만들었을 것이다. 다시 한번 이 시기의 그리스와 이집트의 작품을 참고해 살펴보았다.

땅 가까이에서 회전 속도를 조절하는 바퀴를 도공의 물레에다 수평으로 놓았을 것이며, 이 물레는 도공이 진흙을 놓아두는 좀더 작은 물레와 축으로 연결된다. 그리고 도공이 걸터앉는 단순한 목재 틀 속 아래위로 물레를 두 개 넣는다. 도공은 낮은 물레를 발로 돌려 진흙 덩어리를 회전시키며 재빠르게 그릇의 모양을 잡는다. 항아리를 빨리 만들 수 있었을 뿐 아니라 더 얇고 매끈하게 마무리할 수 있었다. 게다가 도공은 더 고운 진흙을 사용해서 더욱 질이 좋고 아름다운 그릇과 병을 만들 수가 있게 되었다.

돌림판은, 도구의 손잡이는 물론 나무 그릇과 접시를 만드는 데도 쓰인다. 형태를 잡을 나무를, 나무 틀 속에 넣은 두 개의 수평 물렛가락 사이에 고정한다. 끈 하나를 탄력 있는 나뭇가지 위에 묶어 물렛가락의 하나를 감고 난 뒤 아래쪽 끝에서 디딤판에 묶는다. 목세공木細工이 디딤판 위에 발을 올리며 무게를 실으면 끈이 팽팽해진다. 물렛가락에 감긴 끈이 회전하면서 동시에 형태를 잡아 작업할 나무도 함께 회전한다.

게다가 목세공이 디딤판에서 발을 떼면 그 끈이 풀리면서 나뭇가지가 다시 올라간다. 그러고 나서 목세공이 다시 발에 무게를 실어서 나무를 회전시켜 자신이 원하는 형태로 돌림판 위에서 나무 덩어리를 깎아낸다. 오직 둥그런 물건만이 이런 식으로 만들어질 수 있었다. 그렇지만 마무리하고 나면 손으로 만든 것보다는 한결 균형이 잘 잡혀서 이전 시대의 목제 물건들과 비교하면 훨씬 우아하다.

그림을 보면 도공이 나무 그늘 밑에서 물레로 작업하고 있다. 오른쪽 발로 회전 속도를 조절하는 바퀴를 차면서 여기에 연결된 작은 물레 위에서 항아리의 형태를 잡고 있다. 뒤편에서는 돌림판으로 나무 덩어리를 깎아내 나무 그릇을 만들고 있다.

한 남자가 물레로 질그릇을 만들고 있다. 뒤편에서는 두 남자가 돌림판으로 나무 그릇을 만들고 있다.

철기 시대

철 벼리기

도구와 무기를 제작할 때 청동 대신에 철을 사용하려면 완전히 새로운 기술이 필요했다. 청동은 녹을 때까지 가열한 뒤 형태를 미리 잡아놓은 거푸집에 쏟아 부으면 그만이지만 철은 그렇게 할 수 없었다. 이 새로운 금속을 녹일 수 있을 만큼 뜨거운 불을 만들어내지 못했기 때문이다. 철은 대장간의 화로火爐 속에서 새빨갛게 달군 뒤 뜨거울 때 모루 위에서 형태를 잡아야 한다. 새빨갛게 달궈지면 부젓가락으로 잡고 무거운 철 망치로 두드렸다.

철은 청동보다 뛰어난 점이 많았다. 우선 청동보다는 훨씬 합금하기 쉬었다. 새빨갛게 달궈진 철 두 조각을 모루 위에 함께 놓고 세게 치기만 하면 붙었다. 오늘날까지 발견된 몇몇 복잡한 물건들은 이렇게 만들었으며, 그 가운데는 놀랄 만큼 '현대적'인 것도 있다.

더구나 추출되는 암석이 훨씬 더 넓게 발견되기 때문에 철은 구리와 주석보다 더 쉽게 얻을 수 있었다. 이것은 청동으로 만든 도구를 살 여유가 없는 사람들도 철로 만든 도구를 사거나 만들 수 있게 되었다는 뜻이다. 그래서 금속 도구와 무기가 훨씬 더 흔해졌다.

철의 더 큰 효과는 얼마 되지 않는 간단한 도구로 물건을 만들던 사람들이 다양한 목적에 맞는 도구를 만들게 되었다는 점이다. 예를 들면 가죽 세공인을 위해 만든 특수한 칼과 양모를 자르기 위한 큰 가위와 다방면의 갖가지 도끼와 검劍이다.

그렇지만 모든 용도에 꼭 철이 적절한 것도 아니었으며 청동처럼 세련되게 세공할 수 없었다. 결과적으로 청동은 계속해서 많은 것을 만드는 데에 사용되었다. 예컨대 단추, 브로치, 버클, 방패, 투구 그리고 말갖춤용 금속 부속품이다. 이런 물건은 철로는 만들기가 매우 힘들었다.

그림을 보면 청년이 부젓가락 한 쌍으로 돌 모루 꼭대기에서 빨갛게 달궈진 장작 받침쇠를 잡고 있으며, 대장장이는 철 망치로 벼려서 형태를 잡아가고 있다. 소년은 금속을 다시 달굴 수 있도록 손풀무질하며 불을 피우고 있다.

대장장이가 장작 받침쇠를 벼리고 있다.

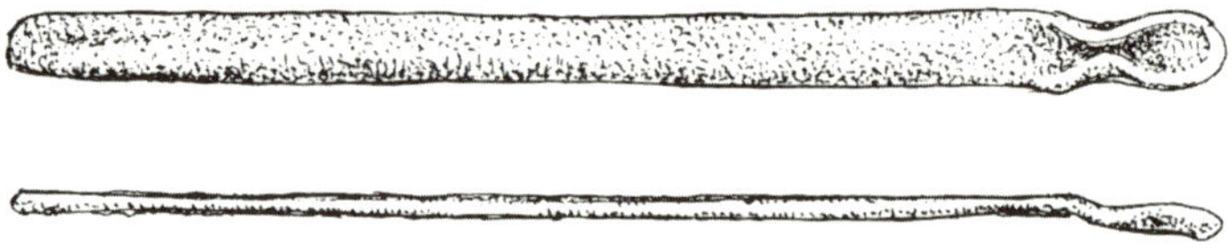

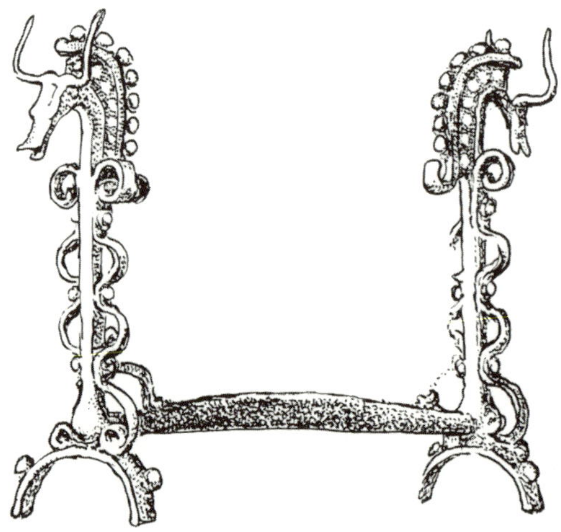

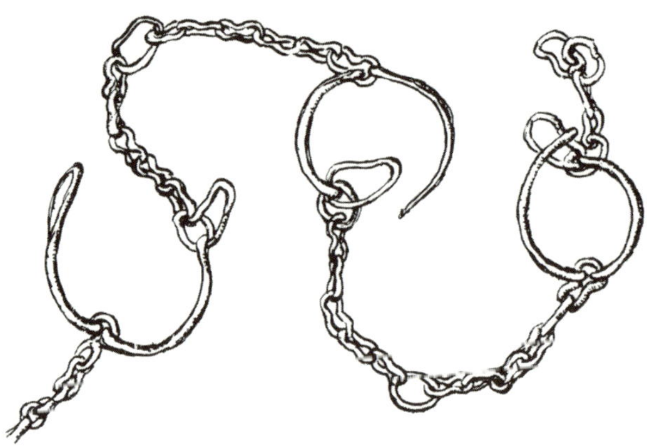

위 철 막대기. 글로스터셔Gloucestershire의 버턴온더워터Bourton-on-the-Water에서 발견되었다. 이런 형태로 철이 거래되었다. 나중에 이것을 벼려서 도구와 무기와 갖가지 물건을 만들었다.
가운데 장작 받침쇠. 덴비셔Denbighshire의 카펠Capel에서 발견되었다. 이 시대의 정교한 철 작품 가운데 훌륭한 예다. 받침쇠 한 쌍은 벽난로 바닥에서 통나무를 지탱하는 데 쓰였다.
아래 철기 사슬. 케임브리지셔Cambridgeshire의 바턴Barton에서 발견되었다. 노예나 죄수에게 수갑 채울 때 쓰였다.

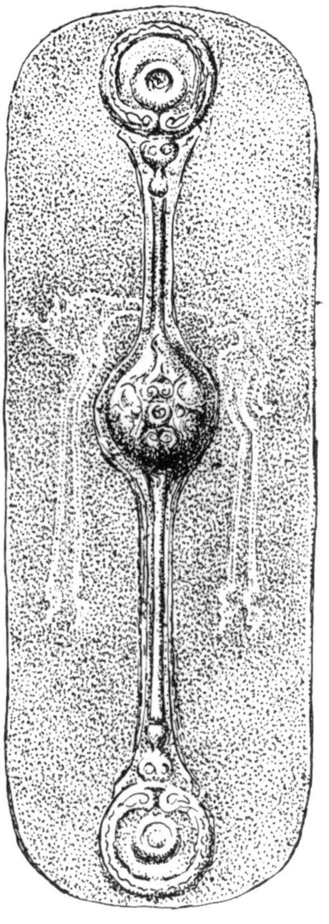

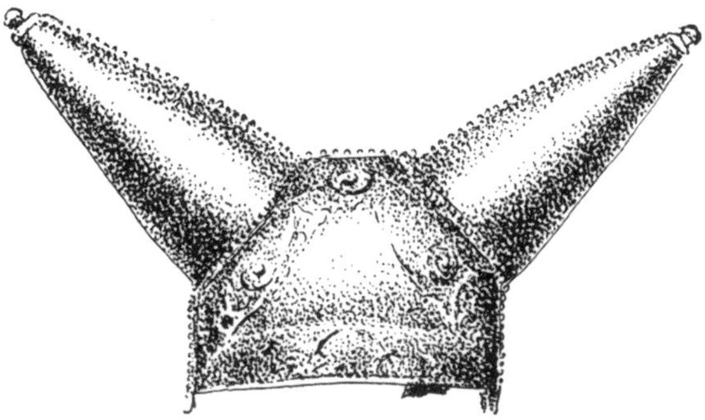

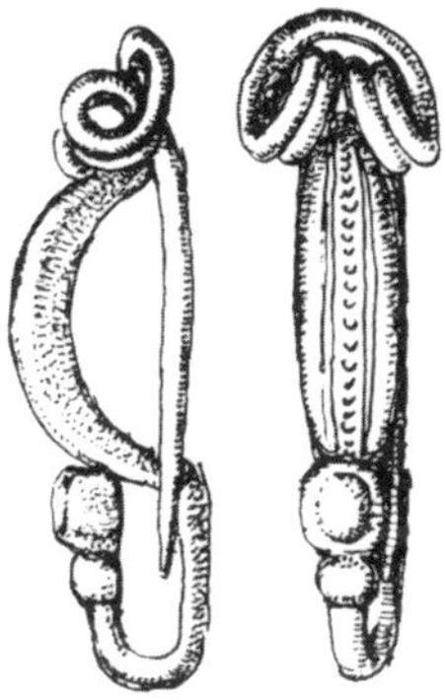

왼쪽 청동 방패. 에식스Essex의 윗함Witham에서 발견되었다. 세 개의 청동 돋을새김과는 별도로 멧돼지 그림으로 장식했다. 아마도 표면에 얇은 금속판을 대갈못질을 해서 만들었을 것이다.
오른쪽 위 청동 투구. 템스강에서 발견되었다. 망치질한 얇은 금속판 네 조각을 대갈못으로 이어서 만들었다.
오른쪽 아래 청동 망토 핀의 정면과 측면. 도싯Dorset의 한 블랜퍼드Blandford에서 발견되었다. 마치 오늘날의 안전핀처럼 세공되었는데, 핀 끝으로 천을 꿰뚫어 밀어 넣으면 고리 용수철의 힘으로 손잡이가 굳게 닫힌다.

철기 시대

전쟁

철기 시대 이전에 브리튼에 말이 들어왔을 테지만, 마차를 끌기 위한 것은 아니었다. 하지만 철기 시대에 이륜마차가 브리튼에 처음 들어왔다. 바퀴가 두 개인 이륜마차는 말 한 쌍이 끄는 가벼운 마차였는데, 말 사이에 놓인 축 하나로 견인되었다. 뱃대와 말의 목에 가죽 손잡이를 달아둔 뒤 말 어깨에 멍에를 씌우고 축 끝과 연결시켰다.

이륜마차는 단순히 돌아다닐 때 쓰기도 했으나 전쟁할 때 가장 쓸모가 있었다. 이륜마차에는 두 사람이 타는데, 한 사람은 전차를 몰고 한 사람은 전투를 했다. 하는 일을 이렇게 나누면 쉽게 공격하고 신속히 퇴각할 수 있어서 상대 보병에게 상당한 위협을 줄 수 있다.

전차의 공격에 대항하려고 부족장들은 요새를 만들었다. 언덕 꼭대기에 요새를 세우고 주위에 도랑을 파면 전차가 공격하기 어렵다. 그리고 요새에 흙과 나무로 성벽을 쌓아 그 뒤에 숨어 투석기로 적에게 돌을 던진다. 성벽 안쪽 둘레의 틈새에서 발견되는 투석기용 돌무더기는 방어자들이 미리 준비해둔 것이다.

투석기의 돌과 화살 그리고 날아오는 창을 막으려고 철기 시대 전사들은 커다란 청동이나 나무 방패를 들고 머리에는 투구를 썼다. 때로는 투구에 뿔 한 쌍을 붙이기도 하고 동물 모양의 앞꽂이 장식을 달기도 했다. 놀랍게도 이들은 갑옷을 입지 않았다. 로마의 장군 줄리어스 시저Julius Caesar는 이들이 전쟁터에 맨몸으로 나간 꼴이라고 언급했다. 그 정도로 전투에 방해가 될지도 모를 망토나 거추장스러운 옷을 벗어버렸다는 뜻으로 한 말이다. 확실히 육중한 갑옷을 착용한 로마인들에게는 벌거숭이처럼 보였을 것이다.

철기 시대 요새의 비탈과 도랑이 언덕 꼭대기 부근에 있었기 때문에 훗날 사람들이 경작을 별로 하지 않아서 오늘날에도 브리튼 곳곳에서 볼 수 있다. 오늘날 이 요새가 매우 인상적으로 보이는 것은 비탈이 가파르고 도랑이 깊어서가 아니라 요새 둘레에 넓은 땅이 펼쳐져 있기 때문이다.

그림은 공격을 받고 있는 요새의 모습이다. 이륜마차로 요새를 돌면서 방어물의 허점을 찾고 있다. 요새의 병사들은 갑옷을 입고 창을 쥐고서 싸울 태세를 갖추고 있고, 몇몇 병사들은 돌을 던지고 있다.

요새의 병사들이 방패와 창을 쥐고서 싸울 태세를 갖추고 있다.

철기 시대

전사의 죽음

초기 농사꾼의 시대에서 철기 시대 초기까지 매장 풍습은 매우 복잡했으며 대개 거대한 흙무더기로 무덤을 만들었다. 철기 시대 사람들은 복잡한 의식을 행하지는 않은 듯하다. 브리튼에서는 철기 시대의 무덤이 발견되지 않아서 그저 시신을 부장품 없이 간소한 무덤에 깊지 않게 묻거나 화장해서 재를 뿌렸을 거라고 짐작한다.

간소한 매장이 관례였지만 예외가 있어서 흥미롭다. 요크셔Yorkshire의 초크 월드Chalk Wolds에 거주하던 한 집단의 사람들은 대단히 복잡한 방식으로 시신을 묻었다. 이들은 다음 세상에서도 이륜마차와 무기 그리고 전차를 끄는 말이 있어야 한다고 믿는 전사였다. 검과 방패와 전차뿐 아니라 말갖춤을 씌운 말을 죽여서 함께 묻었는데, 무덤 속에서 청동으로 만든 손거울도 발견된 것으로 보아 이 전사들은 외모에 상당히 신경을 많이 썼던 것 같다.

전차를 모는 이 병사들은 원래 북부 프랑스에서 왔을 것이다. 왜냐하면 유사한 무덤이 거기서도 발견되기 때문이다. 동방에서 온 다른 부족들이 매우 강해서 살던 곳을 떠나 브리튼으로 온 것이다. 바로 이 때문에 철을 사용하는 사람들이 브리튼으로 많이 넘어왔다. 지중해 북부에 이르기까지 이 시기 유럽 전체 부족들은 전쟁을 하고 있었다. 때때로 이 부족들은 군대를 합쳐서 남쪽으로 로마의 이웃 나라를 공격했으며, 한때는 로마까지 쳐들어가기도 했다.

로마인들은 북쪽을 정복해서 공격의 싹을 미리 잘라버리기로 결정했다. 줄리어스 시저Julius Caesar는 군대를 이끌고 오늘날 프랑스 지역에 있던 부족들을 기원전 50년에 잠재웠다. 당시 골Gaul로 알려져 있던 곳은 이때 로마의 영토가 되었다.

그림을 보면 전사를 전차에 실은 채로 묻었다. 전사가 쓰던 방패와 무기도 함께 묻었다. 또 말 한 쌍도 죽인 뒤 제대로 갖추어 전차와 연결한 채로 무덤 속에 묻었다. 멧돼지 두 마리도 도살했는데, 다음 세상으로 여행할 때 식량으로 쓰라는 뜻으로 함께 묻었을 것이다.

요크셔에서 이륜마차 한 대와 전사를 함께 묻고 있다.

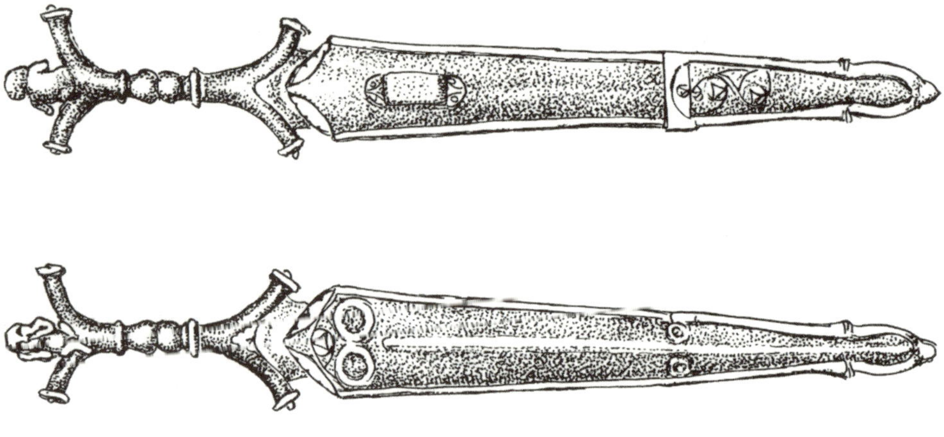

위 왼쪽 청동 거울. 노샘프턴셔Northamptonshire의 데스버러Desborough에서 발견되었다. 그림에 보이는 장식이 거울 뒷면에 그려져 있다. 앞면은 원래 유리처럼 반질반질 윤이 났을 것이다.
위 오른쪽 청동 재갈. 색유리를 박아 넣어 장식했다. 요크셔의 라이즈Rise에서 발견되었다.
아래 단검. 날은 철로 만들었지만 손잡이와 칼집은 청동으로 만들었다. 에식스Essex의 윗함Witham에서 발견되었다.

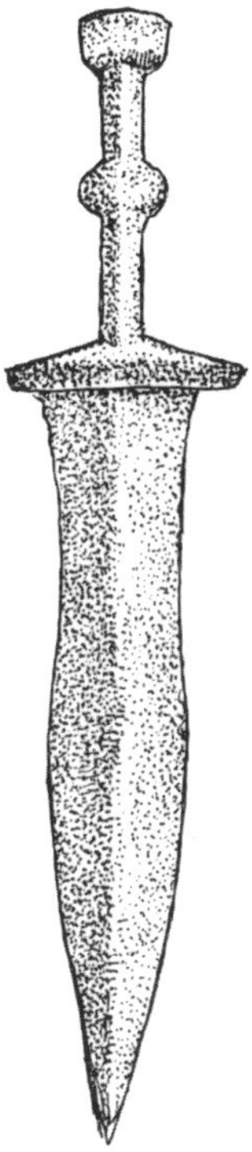
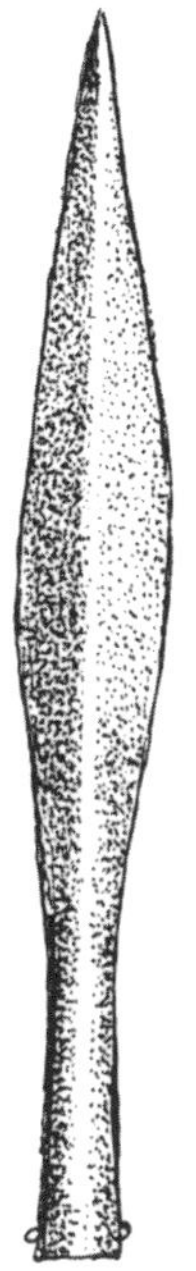

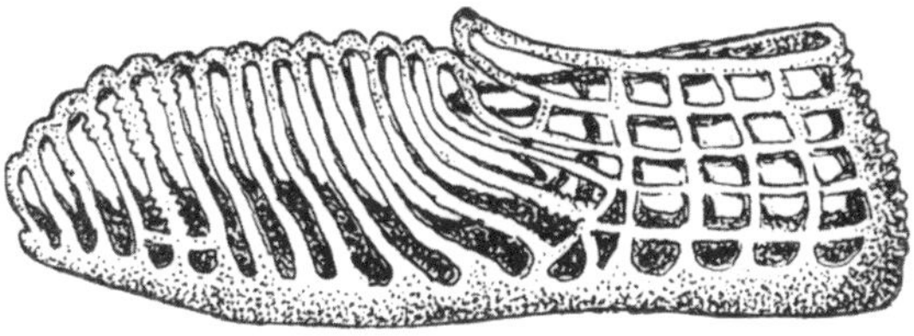

위 왼쪽 철로 만든 로마인의 단검 또는 단도. 도싯Dorset의 호드힐Hod Hill이라는 언덕 위 요새 안에서 발견되었다.
위 오른쪽 런던London의 클록 레인Cloak Lane에서 발견된 로마인의 철 창머리. 잘 만든 로마인 무기의 전형이다.
가운데 청동 투구. 장교의 것으로 추정된다. 요크셔의 기스버러Guisborough에서 발견되었다.
아래 런던에서 발견된 가죽 신발. 로마군의 장교가 신던 것인지도 모른다.

4. 로마의 정복

• 철기 시대(줄리어스 시저 기원전 55년~클라우디우스 시저 아우구스투스 기원후 43년)

철기 시대

로마인의 공격

로마인이 골Gaul을 정복하는 동안 브리튼의 부족들이 해협을 건너 그들의 편인 골을 단 한 차례 지원했다는 이유로 시저Ceaser는 브리튼을 공격하기로 결정했다. 공격의 목적은 또 있었다. 로마인에게 브리튼은 구리, 주석, 납 그리고 철이 풍부하고 경작지가 기름진 곳으로 알려졌다. 시저는 브리튼의 부족들이 골을 돕지 못하도록 하는 한편, 이들을 공격해 이익을 얻을 속셈이었다.

해협을 건너 2년간(기원전 55년~기원전 54년) 브리튼의 부족들을 어느 정도 공격하기는 했지만, 시저는 자신이 마음먹은 대로 하기에는 군대의 규모가 너무 작았음을 뒤늦게 깨달았다. 시저는 브리튼을 완전히 정복하지 못했다. 백 년이 거의 지나서야(기원후 42년) 비로소 클라우디우스Claudius 황제가 승리를 확신할 수 있을 만큼 충분한 병력을 보유했다.

브리튼 부족들은 결코 통합되지 않았다. 만약 통합되었더라면 로마군에게 호락호락 당하지는 않았을 것이다. 몇몇 부족장들은 곧장 항복하고 로마인 밑에서 꼭두각시 지도자 노릇을 했다. 그 밖의 부족들은 완강하게 저항했는데, 가벼운 무기와 이륜마차로는 육중한 갑옷을 입고 훈련이 잘된 로마의 병력을 당해내지 못했다. 2년이 채 지나지 않아 런던 남부의 잉글랜드 전역이 정복당했다. 그때부터 로마인은 차차 웨일스, 잉글랜드 북부 그리고 일시적으로는 스코틀랜드의 지대가 낮은 땅을 손에 넣었다.

물론 정복의 역사는 로마의 역사가들에 의해 기록되었다. 이따금 그들이 서술한 것이 진실인지 고고학자들이 검증했다. 예컨대 남서부 잉글랜드의 부족들은 끈질기게 저항해 로마 사령관은 스무 개 남짓의 언덕 위 요새를 점령하기 위해 무려 서른 번이나 격전을 벌여야 했다. 도싯Dorset의 거대한 메이든 캐슬Maiden Castle 같은 곳은 도랑이 깊고 흙으로 쌓은 비탈이 가팔라 로마군이 쉽게 공격하기 어려웠다.

투석기로 쏘아대는 화살을 막으면서 로마군은 요새로 돌진해 성인 남녀는 물론이고 어린 아이들까지 대량 학살했다. 이들을 성급히 파묻은 무덤이 소름끼치는 전쟁의 상처를 간직한 채 고고학자들에 의해 발굴되어 이 무자비한 이야기의 마지막을 말해주고 있다. 결국 브리튼은 로마 행정구역의 하나가 되었고, 역사는 시작되었다.

그림은 로마군이 철기 시대 언덕 위 요새에 맹렬한 공격을 퍼붓는 마지막 단계의 장면이다. 요새를 지키던 사람들은 이미 로마군 투석기의 공격을 받아 다수가 죽거나 아니면 심하게 부상을 당했을 것이다. 육중한 갑옷을 입은 로마 병사들이 통로로 돌진하고 있다.

갑옷을 입고 방패와 창을 든 로마 병사들이 언덕 위 요새로 가는 통로로 돌진하고 있다.

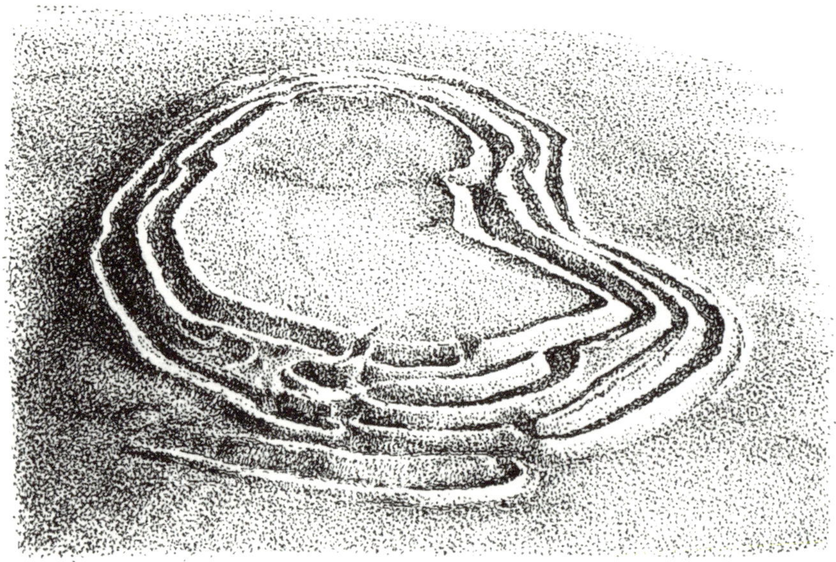

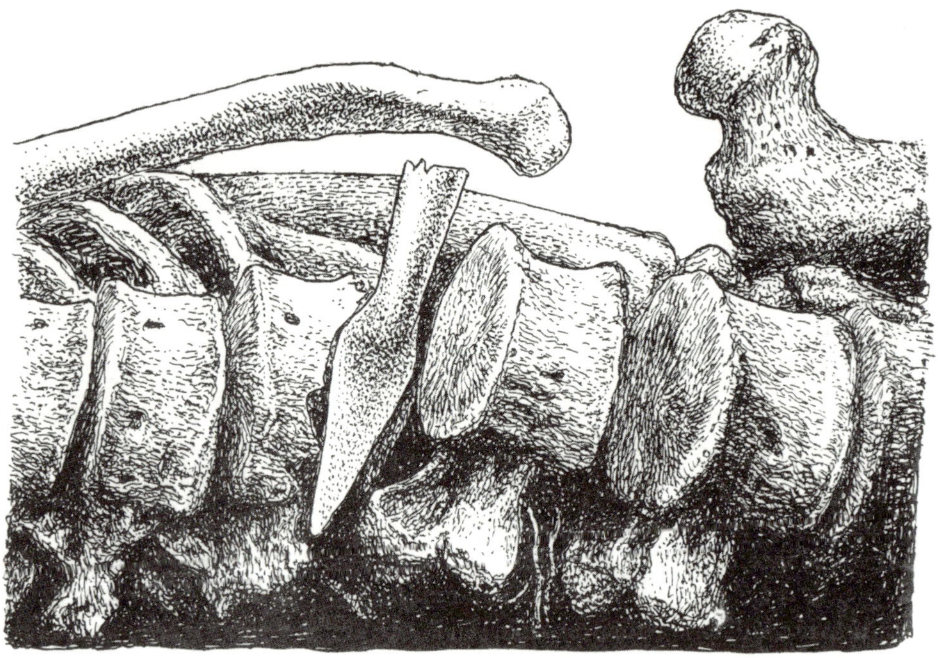

위 도싯의 메이든 캐슬을 오늘날 하늘에서 내려다본 광경. 언덕 위 요새의 한쪽 끝에서 다른 쪽 끝까지 1,200미터가 조금 넘는다.
아래 메이든 캐슬 방어자들의 해골 가운데 등뼈 부분. 투석기로 발사한 철제 노리쇠가 척추에 박혀 있다.

옮긴이 후기

이 책을 선택, 번역해 출간하기까지

I

이 책의 서술 내용과 관련해 좀더 상세한 것을 알고 싶거나 혹은 사실이 과연 그럴까 하는 의문이 드는 독자들은 John A. J. Gowlett 지음, 배기동 옮김의 『문명의 여명-옛 인류의 고고학』(범양사, 1988)을 참조하기를 바란다. 이 책 역시 많은 사진 자료 등을 제시해 독자들로 하여금 흥미를 자아내게 한다. *Ascent to Civilization : The Archaeology of Early Man*(Alfred A. Knopf, New York, 1984)을 완역한 것으로, 초기 유적의 발굴 방법뿐 아니라 특히 중석기 시대의 설정, 금속기 제작의 기원 등에 관한 상세한 설명이 곁들여 있어 독자들의 이해에 크게 도움이 되리라 생각한다.

그리고 영국을 포함한 서유럽 지역의 고고학 전반에 관한 전문적인 연구 성과들에 대한 정리와 각 지역의 구체적인 유적 발굴 결과에 대한 소개는 *Chronologies in Old World Archaeology 1·2*(Third Edition, edited by Robert W. Ehrich, The University of Chicago Press, Chicago and London, 1992)가 참고되리라 본다. 이를 통해 역자가 최근의 연구 성과와 발굴 현황을 개략적으로 점검한 결과, 이 책에서 저자들이 쉽게 설명한 유적들에 관한 서술들이 적합하고 타당한 것임을 확인할 수 있었다.

II

이기백 선생님께서 생전에 내게 주신 책이 적지 않은데, 그 가운데 고고인류학에 대한 것으로는 『한국고고학연보 1』(김원룡 편, 서울대학교 문리과대학 고고인류학과, 1974)이 처음이었다. 이 책을 주신 날짜는 속표지에 내가 써놓은 것을 보니 1982년 4월 6일이다. 당시 학과 조교였던 내게 선생님 연구실 옆방인 조교실로 직접 오셔서, 이 책을 내미시며 "같은 책이 두 권이 있어 자네에게 주고 싶어 집에서 가져왔다"고 말씀하셨던 것으로 지금도 또렷이 기억한다. 매우 당황해서 몸 둘 바를 몰랐는데, 당시 선생님의 온화한 웃음 속에는 이를 계기로 삼아 고고인류학 분야도 열심히 공부해야 한다는 당부의 표정이 역력하셨던 것으로 항상 내 뇌리에 박혀 있다. 그래서 이후 언제나 고고학이나 인류학 분야의 책을 접할라치면 항시 선생님 생각이 나서, 여느 분야의 책들보다 꼼꼼하게 읽게 되었다. 선생님께서는 이렇듯이 역자에게 고고인류학에 대한 관심을 마치 생명과 같이 불어넣어 몸에 익히도록 해주셨으며, 그렇기 때문에 이 책의 번역도 선생님의 가르침에서 비롯된 것이라 할 수 있다. 초중등 학생을 위시한 시민들이 읽어 올바른 지식을 제대로 갖도록 하기 위해 쉽게 풀어 옮기고 원서의 자상한 그림들도 그대로 곁들여진 이 책을 선생님께서 생시처럼 서재의 보료 위에 편안히 누우셔서 재미있게 읽으시고 무척 기뻐하셨으면 더 바랄 게 없겠다 싶다.

1988년 봄, 서른이 지난 나이에 어렵사리 사병으로 군을 제대한 후 석사를 졸업한 뒤 5년 만에 서강대학교 대학원 사학과 박사 과정에 입학한 첫 학기에 이종욱 교수님의 과목을 수강하게 되었을 때의 일이다. 수업 첫 날 첫 시간에 내게 주어진 과제는 *Evolution of the Prehistoric State*(Jonathan Haas, Columbia University Press, 1982) 전체의 내용을 정리해 바로 그 다음 주에 발표하라는 것이었다. 색인까지 무려 251쪽에 달하는 이 책 한 권을 수강생 중에서 학번이 가장 빠르다는 이유로 그래야만 한다고 하셨지만, 당시 이 교수께서 무척 기대가 커서 그렇게 하도록 했다는 것을 표정에서 역력히 느낄 수 있었다. 직접 읽고 이런저런 메모를 해놓은 원서를 기꺼이 빌려주셨기에 복사해서 열심히 읽고 정리했으며, 지금도 기념으로 이 복사본을 지니고 있다. 아울러 Kent V. Flannery, Kwang-chi Chang 등의 중남미를 비롯한 중국의 국가 형성에 관한 영어 논문 몇 편을 완역해 제출토록 했으므로 이를 읽고 번역해내느라 날을 새며 열심히 공부했던 즐거움을 여태 잘 간직하고 있다. 당시 이 교수께서는 이러한 논문 번역을 묶어서 『국가형성론』이란 책을 낼 계획이었던 것으로 기억한다. 역자는 이때 얻은 지식을 토대로 삼아 「백제초기 소국의 형성과 연맹의 성장」이라는 제목의 리포트를 제출한 후, 그것을 발표하지 않은 채 20년 동안 그냥 지니고만 있다가 『한국고대사회사상사탐구』(한국사학, 2007)를 출간하면서 포함시켰는데, 이 논문에서 Jonathan Haas의 책 내용을 본격적으로 인용한 바 있다. 이 책 『고대 브리튼, 그들은 어떻게 살았을까』의 영어 원서를 구독한 것도 바로 이때였고, 이 책을 번역해보겠다고 마음먹은 것도 이때부터였다. 이 교수님께서는 이렇게 해서 고고인류학에 눈을 뜨도록 이끌어주셨음은 물론, 이후에도 지도교수로서 부족하기 그지없는 역자를 박사학위를 취득할 수 있도록 거두어주셨다. 이 자리를 빌어서 비로소 깊이 감사드린다.

고등학교 2학년 때 윤리 과목을 담당하셨던 이상일 선생님(당시에는 예수회 수사, 지금은 신부, 서강대학교 총장 역임)께서는 여름 방학 숙제로 Richard Bach의 *Jonathan Livingston Seagull : A story*(『갈매기의 꿈』)와 Antoine de Saint-Exupéry의 *The Little Prince*(『어린 왕자』) 두 권을 영어 사전만 찾아 번역서는 보지 않고 완역하는 숙제를 내주셨다. 그래서 열심히 읽고 해석하느라 여름 한 철이 금방 지나갔던 것 같은데, 어머니께서 고교 입학 기념으로 새로 사주셨던 영어 사전이 손때로 꽤 까맣게 되어버렸던 기억만이 있다. 이때 이 책들을 번역하느라 고심하면서 지니게 되었던 소망이 나중에 이처럼 유익한 책을 반드시 번역해보고 싶다는 것이었고, 가슴 벅차게도 이제 드디어 그 꿈이 실현되는 것이다. 요즘도 동창들을 간혹 만나 당시 얘기를 나누다보면 누구나 할 것 없이 미지의 낯선 별을 찾아 떠나는 어린 왕자처럼 높이 날아올라 멀리 보고자 하는 갈매기와 같은 꿈을 지닐 수 있게 해주신 이 선생님께 일생일대의 아름다운 추억을 지니고 있음을 확인하게 된다. 지금은 외국에 장기 체류 중이시라 뵐 수 없어 아쉽지만, 같은 캠퍼스에서 지내면서 몇 년간 자주 만나고 많은 감화를 받을 수 있었던 것만 해도 나로서는 큰 행운이었다.

Ⅲ

2008년 여름, 무주 덕유산 정상의 운무 속에서 마음먹은 바가 있었다. 지금까지 해왔던 이 책의 번역 초고를 전부 지워버리고 새로이 첫 줄부터 다시 번역하기 시작해야겠다는 것이었다. 그 다음 날 7월 21일부터 곧바로 착수하였는데, 이후 식구 곽정희 · 노두리 · 노민승의 냉정하리만치 매서웠던 질책과 따사로운 격려가 커다란 힘이 되었다. 이들은 번갈아 가며 내 번역 원고를 꼼꼼하게 읽고 고쳐주거나 넌지시 한마디 해서 나로 하여금 다시 수정하도록 내몰았을 뿐 아니라 말이 제대로 되도록 잡아주기도 하였다. 지내놓고 보니 모든 게 행복일 뿐이다. 이들의 노고가 있었음에도 여전히 매끄럽지 못한 번역문을 조성진 편집장은 정성을 다하여 정갈하게 다듬어주었으며, 김유정 씨는 티 없이 깔끔하도록 교정해주었다. 이분들과 더불어 일조각을 한국학 발전의 산실로 지탱하면서 늘 한결같은 마음으로 배려를 아끼지 않는 김시연 사장께 아울러 감사드린다.

이기백 선생님의 서거 5주기에 유택을 다녀와서
2009년 6월 옮긴이

옮긴이 **노용필**盧鏞弼

1957년 서울에서 태어나 동성고등학교, 서강대학교 문과대학 사학과를 졸업하고 동 대학원에서 한국사 전공 문학박사 학위를 받았다. 서강대 · 세종대 · 충북대 등에서 강의했으며 덕성여자대학교 인문과학연구소 연구전임강사, 가톨릭대학교 인간학연구소 연구교수를 역임했다. 현재 전북대학교 인문한국 쌀 · 삶 · 문명연구원 교수로 재직 중이다.
주요 저서로는『한국 근 · 현대 사회와 가톨릭』(한국사학, 2008),『한국천주교회사의 연구』(한국사학, 2008),『신라고려초정치사연구』(한국사학, 2007),『한국고대사회사상사탐구』(한국사학, 2007),『한국현대사담론』(한국사학, 2007),『한국문화사의 이해』(공저, 신구문화사, 2006),『동학사와 집강소 연구』(국학자료원, 2001),『신라진흥왕순수비연구』(일조각, 1996),『최승로상서문연구』(공저, 일조각, 1993) 등 다수가 있다.

고대 브리튼, 그들은 어떻게 살았을까

1판 1쇄 펴낸날 2009년 7월 27일

지은이 | 에드워드 파이도크 · 헨리 호지스
그린이 | 마조리 메이틀랜드 하워드
옮긴이 | 노용필
펴낸이 | 김시연

펴낸곳 | (주) 일조각
등록 | 1953년 9월 3일 제300-1953-1호(구 : 제1-298호)
주소 | 110-062 서울시 종로구 신문로 2가 1-335
전화 | 734-3545 / 733-8811(편집부)
733-5430 / 733-5431(영업부)
팩스 | 735-9994(편집부) / 738-5857(영업부)
이메일 | ilchokak@hanmail.net
홈페이지 | www.ilchokak.co.kr

ISBN 978-89-337-0567-4 03920
값 12,000원

* 이 도서의 국립중앙도서관 출판시도서목록(CIP)은
e-CIP홈페이지(http://www.nl.go.kr/ecip)에서 이용하실 수 있습니다.
(CIP제어번호 : CIP2009001985)